U0064319

茶葉占卜卡

蕾‧赫本（Rae Hepburn）／著

蕭娜‧亞歷山大（Shawna Alexander）／繪

國家圖書館出版品預行編目(CIP)資料

茶葉占卜卡：傳承百年的茶葉占卜智慧，精準解讀未來運勢、
洞悉生命方向／蕾·赫本（Rae Hepburn）著；安德魯譯. --
初版. -- 新北市：大樹林出版社，2023.03
　　面；　公分.--（Change；8）
譯自：Tea leaf fortune cards.
ISBN 978-626-96773-5-1（精裝）

1.CST：占卜　2.CST：茶葉

292.96　　　　　　　　　　　　　　　　111021098

大樹林學院

www.gwclass.com

系列／Change 08

茶葉占卜卡
傳承百年的茶葉占卜智慧，精準解讀未來運勢、洞悉生命方向

作　　者／蕾·赫本（Rae Hepburn））
翻　　譯／安德魯
總 編 輯／彭文富
執行編輯／賴妤榛、王偉婷
修　　潤／江菱舟
校　　對／王瀅晴
排　　版／菩薩蠻數位文化有限公司
包裝設計／張慕怡
出 版 者／大樹林出版社
營業地址／235新北市中和區中山路二段530號6樓之1
通訊地址／235新北市中和區中正路872號6樓之2
電　　話／(02) 2222-7270　　傳　　真／(02) 2222-1270
官　　網／www.gwclass.com
E - m a i l／notime.chung@msa.hinet.net
Facebook／www.facebook.com/bigtreebook
總 經 銷／知遠文化事業有限公司
地　　址／222深坑區北深路三段155巷25號5樓
電　　話／02-2664-8800　　傳　　真／02-2664-8801
初　　版／2023年03月

Tea Leaf Fortune Cards
English edition copyright ©2011 by U. S. Games Systems, Inc.. Chinese language
copyright 2023 by U. S. Games Systems, Inc.. Published by Big Forest Publishing
under license from U.S. Games Systems, Inc., Stamford, CT USA.

定價／1080元・港幣：360元　　ISBN／978-626-96773-5-1

大樹林出版社─官網

大樹林学苑─微信

課程與商品諮詢

大樹林學院 ─ LINE

目錄

茶與茶葉解讀的簡史

喝茶與解讀茶葉預知未來，這兩件事緊密交織，你無法只講述其一而不提另一段的歷史。茶葉解讀（也稱為 tasseomancy 和 tasseography，來自法語單字 tasse，意思是杯子）是一種探地術（geomancy）[1]。自人類踏足地球以來，探地術一直是已知最早且施行已久的算命形式。這門技藝是利用地球上發現的自然物體（例如木棍、沙子、鵝卵石和貝殼）及其在特定條件下（例如被風吹或被水沖刷）所形成的圖案，來預測你的未來。

關於發現茶的事蹟從未獲得明確證實，但描述其起源的精彩故事比比皆是。根據中國神話，茶（cha 或 tea）是由傳說三皇時代[2]的第二任皇帝神農所發現。神農是安登公主與神龍所生的兒子[3]，也被稱為神醫，流傳他在位期間為西元前 2737 年到 2697 年。某天晚上，牛頭人身的神農在做晚飯的時候，一株茶樹的葉子掉進了他正在烹煮的水中。神農將此視為某種

---

1 一種類似風水的實踐術，亦稱為風水術，但涵蓋的範圍其實大於（包括）現今多數人所熟悉的風水。

2 是中國傳說中的君主，與「五帝」合稱為「三皇五帝」。從三皇時代到五帝時代，被稱為傳說時代，在夏朝之前。現今認為的三皇多為天皇燧人氏、地皇神農氏，以及人皇伏羲女媧氏。

3 安登為傳說中神農的母親。據《孟子·梁惠王章句上》所記載：「神農，有媧氏之女安登，為少典妃，志神龍而生帝。承庖義之本，（伏義氏禪位與神農氏）以火德王。」

徵兆，就讓茶葉煮沸開來。一種香氣撲鼻的飲品因此產生，神農喝了之後精神為之一振。他對自己的新發現欣喜若狂，並叮囑他身邊的所有人都來喝看看這個新飲料。他們深受這種味道的吸引，從那時起，喝茶就開始盛行起來。

西元六世紀，佛教僧侶將飲茶引進日本。禪宗神話將茶在中國的起源歸功於達摩，這位印度王子與佛教聖人在西元五世紀時，前往中國傳揚釋迦牟尼佛的教義。當時，達摩決心要在保持覺醒的狀態面壁九年[4]。遺憾的是，他在一次冥想中不小心睡著了。達摩感到非常羞愧，便將眼皮摘了下來扔在地上。它們馬上生出根來並長成一棵茶樹，只要將其葉子浸泡在熱水中，就能驅趕睡意。

從治療用的瓊漿玉液，到珍貴無價的社交飲品

過沒多久，古代醫者就發現了茶的藥用價值，並賦予它超凡的力量。他們把茶當作擁有各種功效的治療飲料，來治療感冒、視力不佳甚至酗酒等疾患，還將葉子搗成糊狀來治療風濕、支氣管疾病與小傷口。道士甚至拿它作為「長生不老仙丹」的主成分之一。

在中國，大多數的古代醫者也是靈媒（psychic）。這些靈媒治療師認為，患者喝完茶後，杯碗中茶葉所形成的圖案會

---

4 在南北朝時，達摩與梁武帝談法後，發現兩人理念不合，就渡江入魏，止於嵩山少林寺，並在寺中面壁九年，史稱「壁觀婆羅門」。

反映出類似於星光界（astral plane）[5]所存在的圖案，治療師（healer）可藉此預測患者的未來，以及獲取這個人的生死情報。這些治療師不僅擅長解讀茶葉，也善於治癒病人。他們守護著自己的秘訣，往往只在臨終時，將它們傳承給選定的兒子或女兒。

人們對茶及其神祕的特質是如此推崇，因此，從皇帝的繼位到戰爭的結果、從婚姻的安排到尚未出世的孩子身分，什麼事情都可以用茶葉來預言。那些最初解讀茶葉的靈媒治療師，他們粗糙且因人而異的詮釋很快就淪為過去，茶葉解讀成為學者與靈媒所研究的一種學門。當這些學者與靈媒開始實踐這門技藝時，便逐漸發展成我們今日解讀茶葉的各種符號涵義及方法。

多年下來，茶已不再是一種治療藥物，而是社交用的飲品；到了唐代，飲茶和品茗已升格為一種藝術形式。然而，在宋徽宗（西元 1101 年至 1124 年在位）的統治下，飲茶才真正來到了全盛期。他會舉辦比賽，朝臣們得競相鑑別各種不同類型的茶，獲勝者將被頒予豐厚的獎品。此時的茶變得比土地還要珍貴；凱旋歸來的將軍在接受賞賜時，與其索討土地，不如要求上等好茶。

茶的名稱由來

在中國傳說中，茶被稱作 cha。它的粵語發音為 chah，廈

---

5 意識層面的非物質界，是各種靈體或思想型態存在的領域。

門方言的發音為 tay。tay 則成為英文單詞 tea 的派生詞（derivative）[6]。在日本、印度、波斯和俄羅斯，使用的是 chah 這個詞。在印度執行任務後返回英國的士兵，通常將茶稱為 chah。過沒多久，chah 納入英語的俚語，最後變成了 char。數以百萬計的英國人仍會把喝茶叫做「來杯好茶吧！」（Having a nice cuppa char.）

環遊世界的茶

據說早在西元前 350 年，中國四川就是茶葉最初的種植地。茶的栽培逐漸擴展，沿著長江流域一直延伸到東海。西元七與八世紀，中國已成為地球上最大的帝國，並定期與突厥斯坦、蒙古、波斯、暹羅、緬甸、西藏、敘利亞和阿拉伯進行茶葉的貿易。然而，直到明朝末年（西元 1368 年至 1644 年），第一批來自西方的航海商人才抵達中國。

西元 1557 年，葡萄牙人在澳門建立了一個對華貿易倉庫，茶成為葡萄牙宮廷的流行飲品。基於葡萄牙壟斷了與中國的茶葉貿易，荷蘭於西元 1606 年在印尼爪哇開設了茶園，四年後將茶葉進口到歐洲。西元 1640 年，飲茶在海牙變得十分流行；到了西元 1650 年，彼得・斯特伊維桑特（Peter Stuyvesant）則將其引進北美。

---

6 是英語主要的構詞法，由詞根和詞綴合成的詞。例如英語的 un- 或 -ness 可加在詞根 happy（快樂的）上，衍生出 unhappy（不快樂的）、happiness（快樂、幸福）、unhappiness（憂傷、不幸）等詞彙。

西元 1662 年五月，英格蘭查理二世與葡萄牙公主布拉干薩德凱薩琳（Catherine de Braganza）結為連理。她把飲茶的習慣介紹給英國王室，很快便流行起來，但供應的量還是很稀少。葡萄牙壟斷中國的供貨，荷蘭東印度公司則壟斷爪哇的供貨。西元 1664 年，為了討好查理二世，英屬東印度公司決定送茶給他，但也只能採購 2 磅又 2 盎司（約 964 公克）。他們還得為此支付八十五先令（以現今幣值計算，折合新臺幣約 158 元），這在當時可是一筆巨款。部分原因是英屬東印度公司決心打破葡萄牙對中國的壟斷，直接改從中國購買茶葉。

儘管彼得‧斯特伊維桑特在西元 1650 年便將飲茶引進北美，但基於供應與價格的因素，大約又過了一百年才真正流行起來。英國不允許美國殖民地直接從中國購買茶葉。壟斷英國茶葉貿易的英屬東印度公司先將茶葉運往倫敦，在那裡徵收重稅，然後再運往美國。美國殖民者最終拒絕繳納這些稅款，並禁止徵稅的三船茶葉卸載或離開波士頓港。西元 1773 年十二月十六日，在夜色的掩護下，大約有兩百名男子（其中許多人打扮成印地安人）登上船隻，一邊大聲呼嘯，一邊把茶葉傾倒在波士頓港進行銷毀，史稱波士頓茶葉事件，引發導致美國脫離英國獨立的一連串事件。

起初，珍貴的貨物會透過緩慢笨重的船隻來運送，通常需要長達十八個月的航程。送達後的茶往往不再新鮮，也經常受損。海盜的威脅也總讓這趟航程充滿危險，速度緩慢的船隻根本無法戰勝他們。有鑑於此，由美國設計的革命性新船開始在

紐約造船廠建造：西元 1844 年的浩官號[7]（Houqua）和 1845 年的彩虹號（Rainbow）。這些線條流暢且優美的快船，開啟了浪漫的中國茶船時代。的確，疾速如風的彩虹號率先將成功抵達廣州的消息帶回了紐約。

很快地，英國也建造起自己的快船，於是，美國與英國之間展開了一場激烈的快船競爭。茶葉快船會在中國福州（最早收成茶葉時最常使用的港口）裝載，然後繞行南非的好望角，帶著這些貨物返回英國。如果你搶先把茶的樣品盒扔到岸上給在碼頭等候的職員，你就是獲勝者。職員隨後會將茶葉的樣品趕緊送往倫敦的切碎巷（Mincing Lane）[8]進行拍賣，而獲勝的船長及船員將獲得豐厚的現金獎勵。這些競賽從西元 1859 年一直持續到 1871 年，隨著輪船的出現及蘇伊士運河的開通，過時的茶船就退場了。

隨著茶葉在不同時代傳遍世界，藉由解讀茶葉來算命的技藝也隨之傳播。今天，無論在哪裡喝茶，你都可以發現茶葉解讀的蹤跡：在希臘群島那裡，身穿黑披肩的祖母經常替家人占卜；在蘇格蘭高地，當地人會在早餐時解讀茶葉來預測這天接下來會有什麼發展。對好萊塢的電影明星來說，隨著茶葉解讀師（tasseographer）廣為人知，他們會支付天價給自己最喜歡的茶葉解讀師來進行占卜。

---

7 以當時的清朝首富伍秉鑑為名，浩官是他的商名，生前他所經營的怡和行壟斷了中國對外海上貿易。

8 是倫敦市的一條短單行道，在十九世紀後期，它是世界領先的茶葉和香料的貿易中心。

《茶葉占卜卡》的創生之路

　　許多人沒有機會碰到能力高超的預言家（seer），但仍希望藉由解讀茶葉來算命。學習與記憶符號可能非常耗時，泡一杯茶來喝也不是十分方便。正是考慮到這些人的需求，我才開發出《茶葉占卜卡》。

　　我出生在英格蘭北部，很小就接觸了通靈的世界。我父親研究東方和印度的形上學哲學，並將他的知識傳授給我。當我還是個孩子的時候，他利用根據直覺所發明的遊戲，透過陪我一起玩試圖擴展我的意識。他最愛的遊戲之一，是從另一個人的氣場中吸收能量，並對其進行詮釋。他會把我介紹給一個我從未見過的人，而我對他／她一無所知。之後他會問我待在他／她身邊的第一分鐘，我如何解讀那個人的氣場。「只要給我你的直覺（gut feeling），」他說。「不要試圖理智化；我只想要你的直覺。」他認為，在與某人見面的第一分鐘，對他們最初的直覺反應，就是對那個人的正確評估。「在那之後，」他說，「大腦會接管，開始將口音、吸引力、外貌等各種指標考慮在內，將你直覺的評估理智化，而這些全都跟一個人的核心本質無關。」我發現父親的這個建議對我很有幫助，尤其是當我第一次替某人解讀的時候。

　　我是跟阿姨學習茶葉解讀的。小時候，當我們家人去看望她時，她會解讀我們的茶葉，而我總是著迷其中。她教我這些

符號的涵義，以及該如何解讀。我發現茶葉解讀非常準確，因此努力加強我的技能。幸運的是，我從來不用擔心沒有朋友或親戚可以讓我練習。

幾年前，我有些朋友很想學習茶葉解讀，卻找不到任何相關主題的參考書。他們請我幫忙，而我向他們示範了如何解讀茶葉，還編寫了附帶涵義的符號表。然而，當他們看到一張大概有五百個必須記住的符號表時，就嚇得退縮了。那時候，我突然浮現一個想法：可以創造一套以茶葉符號為基礎的牌卡，讓任何人都可以輕鬆解讀運勢。

製作一副將近六百張的牌卡，而且每一張都得描繪一個符號及其涵義，不僅笨重，也行不通。牌卡數量必須方便管理，能夠輕鬆洗牌或混合，以便問卜者可以將他／她的形而上能量傳遞給它們。為了讓這件事成為可能，我將注意力集中在解讀時出現頻率最高的符號上，並剔除很少出現的符號。我還剔除了任何基本上與另一個符號涵義重複的符號，將兩種涵義合而為一。例如，**蘋果**（Apple）和**瓶子**（Bottle）都代表誘惑。**蘋果**通常被解讀為「思想與精神的誘惑」，而**瓶子**通常被解讀為「能改變人意識的物質誘惑」。我將這兩者合併到**蘋果**的符號中，並賦予它「誘惑會考驗你」的涵義。我這麼做是出於蘋果是誘惑的同義詞，也因為思想和精神的誘惑更為常見。藉由使用這種方法，以及無數次解讀茶葉卡，我終於將符號篩減到182張卡。

這些牌卡是圓形的，看起來就像茶杯，而牌卡中央的符號

代表茶杯的底部。解讀牌卡時使用的「來年運勢占卜法」（The Coming Year），遵循了解讀真正茶葉的來年占卜法。將代表一年十二個月的牌卡，從當前的月份開始排列成一個圓圈。再一次，圓圈會讓我們想起茶杯的形狀。這十二張代表十二個月的牌卡，都會再覆蓋四張符號卡，代表一個月當中的週數。接著以當月份為起點，按順時針方向依序解讀牌卡。

《茶葉占卜卡》中的「下週運勢占卜法」（The Coming Week），也一樣是遵循解讀真正茶葉的方法。選出七張牌，各自代表茶杯中的七個部分。同時，這些牌卡也代表一週當中的七天。

至於「宮位金字塔」（Astral House Pyramid，用來占卜短期的能量），我選擇了人們在解讀時最想了解的六個主題：愛、婚姻、成功、財富、幸福和事業。我以金字塔的形狀將牌卡區分時段，其中兩張牌卡代表將在兩個時段（兩天、兩週、兩個月）內發生的事情，三張牌卡代表將在三個時段（三天、三週、三個月）內發生的事情，以及四張牌卡代表將在四個時段內（四天、四週、四個月）發生的事情。

傳統的茶葉解讀法

來年運勢占卜法

　　傳統的茶葉解讀法會使用茶壺中沖泡的鬆散茶葉。首先，倒一杯茶給請求解讀的人（問卜者）。在喝茶的同時，問卜者要專注於他生活中所發生的事件，並想著他期許、希望或害怕發生的事。當他喝茶時，問卜者會將這股能量傳遞給茶葉。對圍繞這些事件與想法的形而上能量來說，茶葉可說是極佳的能量受體與導體。

圖 1

　　當杯底只剩下覆蓋茶葉的極少量液體時，問卜者便停止飲用，並以順時針方向輕輕地將杯中的液體晃動三下。這個晃動允許一些葉子沾附在杯子邊緣。之後，問卜者再將杯子遞給解讀茶葉的人（預言家）。

　　預言家用左手拿著杯子，將杯中剩餘的水倒掉，讓它從把手上方流出（圖 1）。記得要使用左手，因為它離心臟最近且由右腦支配。接著，預言家用一個朝下的碟子蓋住杯子的頂部（圖 2），然後迅速將杯子與碟子翻轉過來，使杯子倒

圖 2

圖3

置在碟子上（圖3）。接下來，預言家的手放在杯子上，維持這個姿勢，集中精神，等待杯中的能量被吸收到心靈中。在這段期間，預言家將杯子以順時針方向緩慢轉動三圈。當預言家感覺自己已經吸收了茶葉的能量時，用左手把杯子翻回杯口朝上，並在研究茶葉形狀的同時維持這個姿勢。

當預言家研究茶葉時，以把手為基準，在腦海中將杯子分成十二個相等的假想部分（圖4）。十二個部分代表十二個來年的月份，把手代表現在。記得茶葉總是以順時針方向來進行解讀，所以緊靠把手左側的月份會是下個月，緊靠把手右側的月份則是即將到來的第十二個月。

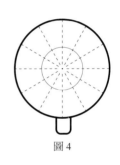

圖4

儘管所有預言家在解讀來年運勢時，都同意將杯子分成十

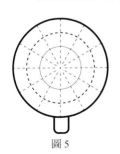

圖5

二個相等的部分，但重點是要注意，針對解讀的下一步，不同的流派有不同的看法。有些預言家會用另一條假想線將杯子的邊緣一分為二（圖5）。杯緣上方代表月初，杯緣下方代表月中，杯底則代表月底。形狀大、顏色深且結構良好

的符號，被視為肯定會發生的重要事件。形狀較小、結構完整的符號被視為次要的情況。顏色淺白和結構不完整的符號，則解讀為可能發生或可能不會發生的事件，或更像是對可能發生的事存在的希望或恐懼。

其他預言家不這麼做，因為他們認為無論符號結構的好壞，只有出現在杯底的茶葉才代表一定會發生的事件。他們將杯緣的符號解讀為問卜者的希望、心願和恐懼。我個人在解讀時會結合使用這兩種方法。對於一次深具洞見的解讀來說，了解問卜者的心願、希望和恐懼非常重要，但我也發現將月份進一步劃分為開始、中間與結束非常有幫助，尤其是在需要明確的時間區段時。

下週運勢占卜法

替第一次解讀或不定期解讀的人占卜時，應始終先解讀來年運勢，再來解讀下週運勢。只有當問卜者有定期接受解讀時，才能在不解讀來年的情況下先解讀下週運勢。這種方法對問卜者與預言家都有利，因為它讓預言家有機會評估圍繞問卜者的長期與短期能量。如此一來，預言家就能夠給出更有見地的解讀。

下週運勢占卜法與來年運勢占卜法類似，只是要將杯子分成七個相等的部分（圖 6）。再一次，以順時針方向進行解讀，第二天在緊貼把手的左側，而一週的

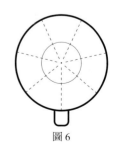

圖 6

最後一天在緊貼把手的右側。在下週運勢占卜法中，杯子的邊緣與底部都不需要劃分成一天的開始、中間或結束。杯底的葉子要被解讀為即將發生的事件，而杯緣的葉子則被解讀為問卜者的希望、心願和恐懼。然而，出現在杯緣的深色且結構完整的符號則代表很有可能實際發生，而虛弱且結構不完整的符號通常代表可能不會發生。

符號

在有關符號及其涵義的部分（參見第 52-97 頁）中，提供了傳統茶葉解讀所使用的符號詳細說明。符號的大小及結構完整的程度非常重要。一個符號越大、結構越好，它就越占主導地位或是越重要。一個符號還會受到與其相連的其他符號影響。有個經驗法則是：如果有一個符號觸碰到另一個符號，或有一個符號距離另一個占主導地位的符號 1/8 英寸（約 3.2mm）的範圍，那麼這一個符號就會與另一個符號有關連。然而情況並非總是如此，因此解讀的人在詮釋時必須倚靠自己的判斷。舉例來說，**蒼蠅**是占主導地位的符號。與其相連的是符號**匕首**，接近但不相連的是符號**年長的男人**。這裡有兩種解讀的方式：

1. 問卜者將經歷一段身體欠佳的時期，會非常擔心自己的健康。（此處僅將符號**蒼蠅**和**匕首**一起解讀。）

2. 問卜者會非常擔心一位目前健康狀態不佳的老人。

   （在這裡，符號**蒼蠅**、**匕首**和**年長的男人**會一起解讀。）

在這裡可以看出，在決定哪些符號是相關的時候，預言家的技巧與直覺扮演重要角色。即使它們表面看起來好像沒關連，但一個天賦異稟的預言家會憑直覺知道哪些符號是有關連的。

很多時候，一個很大的符號其影響力會延展數個月的時間。例如，如果**天使**的符號延展超過三個月，表示問卜者在這三個月內將獲得「靈性的指引和保護，並且免受傷害」。然而，如果一個馬的符號延展超過三個月，可能就會因預言家的看法而有不同的解讀。由於馬象徵「短程旅行」，預言家能決定是否將符號解讀為：

1. 問卜者將在三個月內的某個時間點，進行一次重要的短程旅行。

2. 問卜者將在三個月內，進行多次的短程旅行。

3. 問卜者只會出差很短的距離，但會離家三個月。

由於平均一次要解讀多達十到三十個符號，需要大量的詮

釋，因此在沒有能力或缺乏經驗的預言家手中，犯錯的機率會變得很大。

在傳統的茶葉解讀中，預言家扮演十分關鍵的角色。一個真正有天賦的預言家會直覺知道哪些是相關連的符號，哪些是主要符號，哪些是次要符號。這種能力高超的預言家往往能夠提供頗具洞見的解讀，令問卜者感到驚訝萬分。

茶葉解讀來年運勢

艾瑞克（Erik）今年二十四歲，擁有企業管理的大學學位。他最近任職的廣告公司正在縮編，他也因此被解雇。這對艾瑞克來說十分震驚，因為這是他第一份工作，對此寄予厚望。這是艾瑞克在 1 月 2 日解讀茶葉來年運勢。

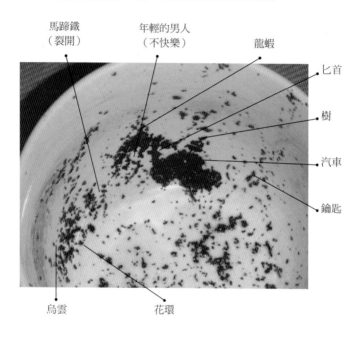

馬蹄鐵（裂開）　年輕的男人（不快樂）　龍蝦　匕首　樹　汽車　鑰匙　烏雲　花環

一月

花環：因失去而悲傷。

烏雲：暫時的問題。

二月

烏雲：暫時的問題。這些雲與裂開的馬蹄鐵相連。

馬蹄鐵—裂開：馬蹄鐵是非常幸運的象徵，但這個有裂痕的馬蹄鐵會消耗運氣。

三月

龍蝦：財務緊縮。龍蝦連著一個年輕男人的臉和一把匕首。

年輕的男人：一個不快樂的年輕男人的臉。

匕首：恐懼、擔憂、緊張的局勢。匕首與汽車相連。

四月

汽車：汽車代表三百到一千英里之間的旅程。汽車與樹相連。

樹：家庭事務。

鑰匙：成功解決問題。

解讀：花環指涉艾瑞克的悲痛，他失去了工作以及隨之而來的財務保障。烏雲象徵圍繞他失業的暫時性問題，它們一直持續到二月，並與裂開的馬蹄鐵相連。馬蹄鐵是一個幸運的象徵，但有裂痕的馬蹄鐵則相反，艾瑞克堅信自己的運氣已經用完了。龍蝦代表財務危機，龍蝦越大，財務危機就越嚴重。這個龍蝦從三月開始，一直持續到四月中旬。我們可以看到艾瑞克非常不開心，因為他覺得自己的臉與龍蝦的尾巴相連。龍蝦還跟一把匕首相連，說明了艾瑞克在找新工作時感到恐懼與擔憂，面試也令他相當緊張。匕首連結到一輛汽車，代表了一趟三百到一千英里之間的旅程。

杯子裡的汽車越大，旅程就越重要。這輛汽車從三月底開始一直持續到四月，這表示艾瑞克在這段時間內有旅行的機會，也可能整個月都在旅行。這汽車看起來像一輛破舊的福斯金龜車，再次突顯了艾瑞克的財務問題。一棵象徵家庭事務的樹與汽車相連，看起來艾瑞克即將在這次旅行中拜訪父母。鑰匙代表問題的成功結果，但是這把鑰匙很小而且形狀不完整，因此可能只代表部分的成功。

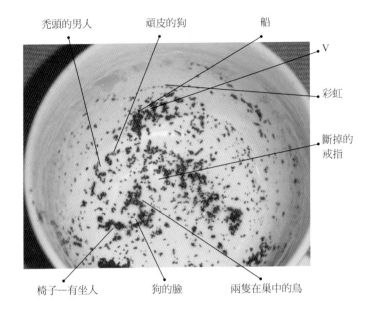

禿頭的男人　頑皮的狗　船

V

彩虹

斷掉的
戒指

椅子—有坐人　狗的臉　兩隻在巢中的鳥

五月

椅子—有坐人：新的人正在進入你的生活。

狗—特寫：與好友共度美好時光。狗與鳥和巢相連。

鳥—棲息：等待消息、包裹或信件。鳥與巢相連。

鳥巢：一個情感安全、充滿愛的家庭對你來說很重要。

六月

禿頭的男人：與禿頭的男人打交道或建立關係。

頑皮的狗：和朋友一起玩樂。狗與禿頭的男人相連。

七月

船：透過繼承遺產、獎金或意外之財所獲得的金錢或財產。

八月

V：某種努力的勝利。

彩虹：情況中最困難的部分已經結束。

斷掉的戒指：在愛情或事業上分道揚鑣。

解讀：艾瑞克旅行後，他的金錢問題似乎消失了。由於沒有茶葉暗示新工作的可能，艾瑞克的父母很可能會在他找工作時從財務上幫助他。椅子一有坐人表示新的人即將進入他的生活。從茶葉的形狀來看，很可能是一個與他發生戀情的女人。

由於這個符號很小，代表她在他的生活中沒有那麼重要，或是這種關係不會持續很長的時間。狗—特寫表示五月對艾瑞克來說是一個放鬆的時間，他會和朋友們玩得很開心。有兩隻鳥—棲息出現，代表艾瑞克正在等待來自兩個可能與就業有關的消息。鳥—棲息出現在與狗—特寫相連的鳥巢中。鳥巢表示家人和朋友對艾瑞克來說非常重要。這也可能代表他們與他正在等待的消息有某種關連。艾瑞克認為這個禿頭的男人是他的父親，而且這個符號也變成一隻頑皮的狗，他說他認為父親就像是個頑皮的朋友。七月似乎是艾瑞克財務問題的終結，因為這艘船代表他將透過繼承遺產、獎金或意外之財獲得金錢或財產，可能是一份工作機會。八月證實了這一點，因為 V 代表在某些努力中取得了勝利，而彩虹意指情況中最困難的部分已經結束。然而，斷掉的戒指象徵浪漫關係的分道揚鑣，所以艾瑞克和五月進入他生活的新女孩，很可能會在八月或九月分道揚鑣。

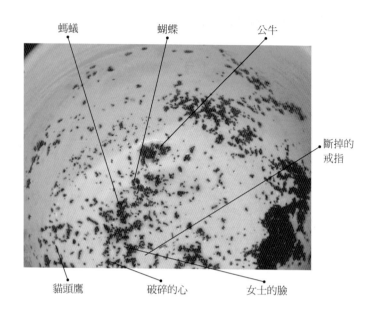

螞蟻　　　蝴蝶　　　公牛

斷掉的
戒指

貓頭鷹　　　破碎的心　　　女士的臉

九月

斷掉的戒指：在愛情或事業上分道揚鑣。戒指與女士的臉相連。

女士的臉：與一名女士打交道或建立關係。臉與一顆破碎的心相連。

破碎的心：失去愛，失去深厚的情感。

貓頭鷹：來自智者的好建議。

十月

螞蟻：工作、成就、成功。

十一月

蝴蝶：一個更好的改變。社交。拓展人脈。

十二月

蝴蝶：一個更好的改變。社交。拓展人脈。

公牛：不要因反對而退縮。展現力量和毅力。

解讀：斷掉的戒指一直持續到九月，並與一名女士的臉相連，象徵與艾瑞克有過浪漫關係的女士。一顆破碎的心連結這名女士的臉，意指艾瑞克、女士或他們兩人將因分手與失去愛而深受傷害。貓頭鷹表示艾瑞克所敬重的人提供給他很好的建議，對他面臨的處境很有幫助。這可能是關於他的感情生活或職業生涯的建議，或是兩者兼備。螞蟻預告艾瑞克會努力工作，透過努力他會取得成功。蝴蝶的符號持續到十一月和十二

月，表示艾瑞克的社交生活發生更好的變化。這也是他拓展人脈的好時機。十二月，公牛象徵艾瑞克絕不能退縮的人或情況，面對這個人或情況需要很大的力量和勇氣。幸運的是，這裡沒有連結的符號，加上公牛的體型小而且形狀不完整，這可能只是一個輕微、獨立的事件。

艾瑞克認為他來年的運勢縱然有些起伏，但整體來說還算不錯。他對十二月的公牛感到忐忑不安，但覺得既然早有預警，應該能妥善應付才是。

使用《茶葉占卜卡》占卜運勢

使用《茶葉占卜卡》占卜的方法有以下三種：

1. 來年運勢占卜法

2. 下週運勢占卜法

3. 宮位金字塔

為了提升你的感知力和天生的通靈能力，在洗牌或混合《茶葉占卜卡》時，請專注於你生活中正在發生的事情。想想你的希望、恐懼和心願。當你解讀自己的運勢時，會發現牌卡的訊息有時看似互相矛盾，這是因為我們的生活本就充滿矛盾，也就是中國二元哲學的陰陽（女性與男性）宇宙法則。這表示對立的力量在我們生活的各個面向作用著，而《茶葉占卜卡》總能反映出我們周遭的正負能量場。

來年運勢占卜法

當你第一次解讀牌卡時，應先使用這個方法，因為它讓牌卡有機會吸收你的長期能量。長期的能量變化緩慢，因此為了獲得最佳的效果，建議你大約每三個月使用一次這個方法。使

用這個方法的頻率最好不要超過每月一次，因為長期能量雖然會不斷變化，但仍然需要有足夠的時間來反映這些變化。

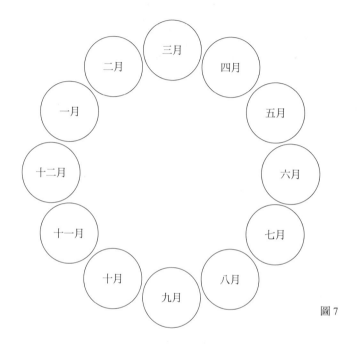

圖 7

1. 拿出十二張年度月份卡，從當月開始將它們圍成一個圓圈。如果月份是九月，即使日期是九月三十日，也還是要從九月開始（圖7）。

2. 將《茶葉占卜卡》放入袋中，用手將它們混合，同時專注於你的希望、恐懼和心願。你也可以將牌面朝下

放在平坦的表面上，並用雙手旋轉來混合牌卡。

3. 當你覺得牌卡已經灌注了你的能量時，從你當前所在的月份（在本案例中為九月）開始，將《茶葉占卜卡》牌面朝下放在每年的月份卡上，並將月份卡按順時針方向逐一放置（插圖2）。

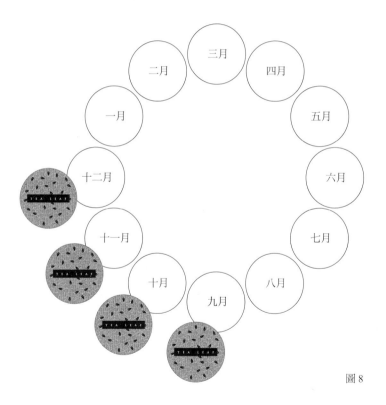

圖 8

4. 當每個月份上面都放好牌卡後，就稱之為一組。已經擺好的牌卡先這樣放著，繼續執行步驟 5。

5. 再次混合其餘的《茶葉占卜卡》，並在當月開始的月份卡上放置另一組。與步驟 3 一樣，牌卡應按順時針方向逐一放置。

6. 重複這個過程，直到每張月份卡上都有四張《茶葉占卜卡》。在放置每一組的過程之間，進行洗牌的動作非常重要，因為這會增加轉移到牌卡上面的能量。

7. 翻開第一個月的《茶葉占卜卡》開始解讀你的運勢，在這個案例中是九月（圖 9）。無論當月是什麼日期，牌卡都是代表下個月（例：如果是 9 月 20 日，牌卡代表的就是 9 月 21 日至 10 月 20 日）（圖 10）。

8. 讓我們仔細看看第一個月。

   1）日出：新的創意點子。新事業。一個新開始。

   2）四葉草：吉利、好運。

   3）星星：保證成功。

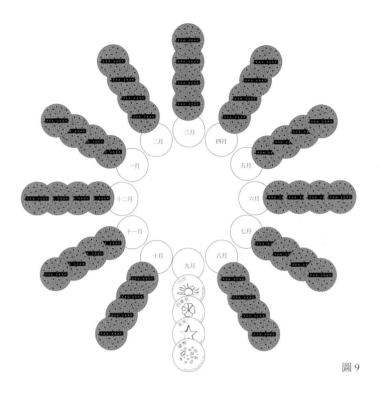

圖 9

圖 10

4）**硬幣**：金錢會找上你。看來這幾張卡試圖告訴你會有一個新的大好機會，它將帶來成功與財務上的回報。

9. 以順時針方向移動，將下一個月的牌卡翻開。讀完牌卡後，再將接下來幾個月的牌卡翻開。

圖 11

10. 第二個月的《茶葉占卜卡》是**斧頭、貓、貓頭鷹、鑰匙**（圖 11）。盡可能在牌卡之間建立連結非常重要。這幾張卡應該讀作：「有勢力在反對你；你以為是朋友的人其實是雙面人，不能信任。幸運的是，根據你所敬重的另一個人他所提供的合理建議，你能夠成功地解決問題。」

11. 繼續將《茶葉占卜卡》按順時針方向一次翻開一個月進行解讀，直到每個月份都翻完為止。當所有牌卡都翻完後，回顧一下你整年的運勢。嘗試辨識互相連結的牌卡非常重要。

例如，假設「公雞：一個你不應該冒犯的傲慢自大之人」出現在「深色的男人：與一個深膚色或深髮色的男人打交道或建立關係」附近，那麼這兩者即使沒有緊密相連，也很可能互有關連，所以你不應該冒犯的人可能是一個深色頭髮的男人。牌卡連結在一起，如同你的生活也是連結在一起；你今日的所作所為，會影響你未來幾個月的生活。

解讀範例：明年運勢

這是在 5 月 15 日幫芭芭拉所進行的解讀。在解讀的當下她三十八歲，離過婚，兒子艾文十歲。芭芭拉住在洛杉磯，是一家大型百貨公司的運動服採購員。芭芭拉喜歡社交與玩樂，從事一份經常需要出城採買的工作。她很想談戀愛，但夾在辛苦工作與照顧兒子之間，幾乎沒有時間約會。

芭芭拉記下了那一年實際發生的事情，發現茶葉卡能夠準確預測事件的發生，但通常這些牌卡提到的情況，往往與她個人以為或期待發生的情況不同。

5月16日至6月15日

塔：堅實的基礎。努力就能成功。

骷髏：隱藏的祕密會傷害你。

煎鍋：麻煩、指責。

貓：一個雙面人朋友。

芭芭拉發現這幾張卡全都指向她的工作。她認為在事業上自己十分努力，而且有所回報，因為她曾經非常成功（塔）。然而，並非一切都很順利。對於針織毛衣搭配褲子與裙子的想法，她有非常強烈的感覺，在沒有讓產品經理知道（骷髏）的情況下，她添購了比她原本應該採購數量還要多的商品。現在這些商品已經準備交貨，供應商正在催她簽署訂單，以便他們可以隨時出貨。這已經超出她的預算，她不得不求產品經理批准這些訂單，結果他們大吵了一架，差點害芭芭拉引咎辭職（煎鍋）。芭芭拉對產品經理感到非常生氣，她一向把產品經理視為朋友，現在卻似乎變成了她的敵人（貓）。

6月16日至7月15日

大老鼠：有人在背後跟你作對。

閃電：控制你的怒氣，否則你會後悔。

馬：短程旅行。

海豚：財務上的收益，通常來自你過去所做的事。

同樣地，這幾張卡全都與芭芭拉的工作有關。芭芭拉覺得產品經理在背後說她的壞話（**大老鼠**）。芭芭拉想跟她對質，但決定留意牌卡的訊息並控制住怒氣（**閃電**），她很高興自己做到了。從一趟短期的採購行程（**馬**）回來後，芭芭拉看到針織毛衣和褲子賣得很好，為她這一季提供了出色的銷售額及利潤數據（**海豚**）。

7月16日至8月15日

眼睛：通靈能力──相信你的直覺。

橋：成功地克服問題。

狗—特寫：與好友共度美好時光。

軛：感到束縛、沮喪。

前兩張卡與工作有關。芭芭拉相信自己的直覺，才會如此大量採購針織服裝（**眼睛**），而且透過它們的暢銷，事後證明自己的判斷是正確的，也因此克服預算過高的問題（**橋**）。一位來自紐約的好友馬克在前往英國的途中來到鎮上（**狗—特寫**），希望她能跟他一起在倫敦待上一星期。芭芭拉不得不拒絕，因為這個通知來得太臨時，她無法從兒子或工作中抽出時間。這讓她感到束縛和沮喪（**軛**）。

8 月 16 日至 9 月 15 日

騾子：有人非常固執，不願意改變。

山丘：需要克服的障礙。

硬幣：金錢會找上你。

啤酒杯：慶祝、樂趣、享受。

通常在七月和八月，芭芭拉的兒子艾文會跟他父親及其新婚的妻子在康乃狄克州度過。今年，前夫的妻子懷了他們的第一個孩子，結果孩子難產。她的前夫大衛要求將探訪的時間縮短到八月最後兩週。感覺被拒於門外的艾文對這個變化非常失望，因此頑固拒絕去見他的父親（**騾子**）。芭芭拉費了一番功夫才說服艾文前去探訪，她認為保持與父親的關係（**山丘**）對他來說很重要。芭芭拉的績效評估獲得了好成績，讓她在十二月將拿到了一筆巨額獎金（**硬幣**）。為了幫助艾文克服與父親相處時間太少而產生的失落感，芭芭拉請了幾天假，陪艾文去北加州的紅杉林露營（**啤酒杯**）。

9 月 16 日至 10 月 15 日

墨水瓶：有待解決的問題。

公羊：一個固執、好鬥的人。

楔子：有人在你和朋友之間或你想要的東西之間從中作梗。

桌子：辛苦的工作等在前方。

儘管芭芭拉績效評估的成績很傑出，但她的工作進展並不順利。管理階層決定削減庫存並減少採購的預算，使得芭芭拉很難替自己的部門儲備所需要的商品（墨水瓶）。她試圖與公司副總裁討論這個問題，但他固執地拒絕考慮任何妥協的選項（公羊）。更糟的是，芭芭拉的產品經理完全站在副總裁這邊來反對她（楔子）。芭芭拉不得不辛苦工作，來維持她的財務數據（桌子）。

10 月 16 日至 11 月 15 日

年輕的男人：與年輕的男人打交道或建立關係。

扇子：浪漫、慶祝、派對。

狗—遠方：一個遠方的朋友正在想你。

山路：你正走在成功之路上。

　　艾文過了十一歲生日（**年輕的男人**），芭芭拉為他舉辦了一場盛大的派對（**扇子**）。她的朋友馬克從紐約打了通電話（**狗—遠方**），她告訴他在預算緊縮的情況下自己在工作中所面臨的問題。同樣在服飾業工作的馬克認為，

換工作對她來說可能會是個好主意。他知道有家公司正好開出職缺，他會謹慎地與他在那裡認識的人進行確認（山路）。

11 月 16 日至 12 月 15 日

大頭針：新工作／事業。

帽子：你將扮演不同的角色。

鞭炮：興奮。

鷹：戰勝困難與障礙。

馬克介紹的公司是一家位於俄亥俄州哥倫布市的大型專賣店。他們跟芭芭拉見了面（**大頭針**），為她提供了一個職位（**帽子**）。她對這個新局面感到非常興奮，因為這不僅代表有更多的錢，同時也代表更大的晉升潛力（**鞭炮**）。但是有個問題，就是她不得不搬到哥倫布市幾年時間。這表示她的兒子艾文得在年中轉學。不過，她認為艾文會更接近他的父親，這將使他們兩人之間的相處變得更為融洽。哥倫布市比芭芭拉現在的住所離紐約還要近，她

可以花更多的時間在紐約做生意。這表示她會有更多時間能與馬克共處，使他們的友誼有機會轉變為更深入的關係（鷹）。

12 月 16 日至 1 月 15 日

樹：與你的家庭有關的事務。

葡萄：是時候出去玩耍。

利爪：當心——不要冒險。

破掉的杯子：對生活的不滿意。

現在輪到艾文與父親共度聖誕節，所以芭芭拉跟他一同飛往康乃狄克州（樹）。芭芭拉隨後前往紐約，與馬克共度聖誕節與新年（葡萄）。在接艾文回家時，前夫大衛告訴她，艾文對她的新工作非常不高興，他被迫搬到哥倫布市，在那裡他根本就不認識任何人。艾文想待在他所有朋友與祖父母都在的洛杉磯。大衛認為在這個時間點，把艾文早已奠下的基礎連根拔起是很糟糕的事。大衛還調查了這家公司，發現他們會無情解雇沒有達到財務目標的

人，他強烈建議芭芭拉別接受這份工作，因為他覺得沒有太多的工作保障（利爪）。芭芭拉對大衛、艾文以及她的生活感到非常沮喪，因為她的生活方式似乎得由其他人的需求來決定（破掉的杯子）。

1 月 16 日至 2 月 15 日

貓頭鷹：來自智者的好建議。

杯子：你應該接受合理的批評。

鳥—棲息：等待消息、包裹、信件。

針線：真誠的願望將會實現。

芭芭拉與母親（貓頭鷹）討論了這個問題，母親幫助她了解大衛與艾文的看法並非全無道理，芭芭拉應該接受他們對她計畫的批評（杯子）。芭芭拉的母親指出，如果哥倫布市的這家公司真的對她印象深刻，他們應該會保留這個職位幾個月，直到夏天。無論如何，艾文那時都會換學校就讀，所以搬家應該沒有想像中那麼折騰。此外，芭芭拉也有機會好好權衡做這個重要決定的利弊得失。芭芭

拉最後勉強同意這麼做。芭芭拉將她的決定轉達給哥倫布市的公司，他們不確定是否可以保留這個職缺那麼久，便說日後會回覆她（鳥—棲息）。芭芭拉希望無論發生什麼事，對所有相關人士來說都會是最好的安排（針線）。

2 月 16 日至 3 月 15 日

螞蟻：工作、成就、成功。

大象：身體上或精神上的長途旅行，最終會讓你變得更有智慧。

葡萄藤：尋找對你有幫助的訊息。

龍：提防自欺的行為。

透過芭芭拉的辛勤工作和一月份的促銷活動，庫存量變得很低，她的財務數據也非常漂亮（螞蟻）。她前往東部進行採買（大象），在那裡遇到了一名來自紐約，同樣也是採購員的女性朋友；這個人警告她，馬克和一名新的女性友人關係匪淺。芭芭拉打電話給馬克求證，發現此事為真（葡萄藤）。縱然傷心，她還是被理智拉了回來，了

解到一直以來馬克不過只是個好朋友，從未真正對她產生過男女之情，而她卻試圖將他們的友誼轉變成浪漫的關係（龍）。

3 月 16 日至 4 月 15 日

鳥—飛翔：消息正在路上。

淺色的女人：與金色、灰白或白頭髮的女人打交道或建立關係。

鑰匙：成功解決你的問題。

金龜子：好運。

從東部返回家中的芭芭拉，發現了一封來自哥倫布市公司的信，通知她職缺無法保留並撤回他們原本提供給她的工作機會（**鳥—飛翔**）。芭芭拉非常失望，但過了幾天後，當她知道產品經理要辭職時，她感到十分高興（**淺色的女人**），至少工作的問題會有一個成功的結果（**鑰匙**）。當芭芭拉獲得產品經理的職位時，她簡直不敢相信自己的好運（**金龜子**）。

4 月 16 日至 5 月 15 日

金錢小徑：一條鋪滿金錢的道路等著你去發掘。

門：機會在等著你。

井：家庭的願望成真。

水壺：輕鬆、無憂無慮的時光。

產品經理的職位帶來薪水、獎金與聲望的提升（金錢小徑）。芭芭拉覺得還有很多新機會可以幫助改善她所管理的部門（門）。艾文對事情的結果感到特別興奮，因為他不必搬家離開他的朋友（井）。這一次，芭芭拉的生活似乎變得一帆風順，可說是一段輕鬆且無憂無慮的時光（水壺）。

下週運勢占卜法

1. 混合所有《茶葉占卜卡》。當你這麼做時，專注於你生活中正在發生的事情，以及你的心願、希望和恐懼。當你感覺自己已經將能量傳輸給牌卡時，抽選一張卡並將它面朝下放置。

2. 再次混合《茶葉占卜卡》。抽選另一張卡，把它放在第一張卡的旁邊。重複混合與抽選一張卡，直到抽出七張卡；將它們面朝下排成一條直線，代表下一週的時間線。

3. 翻開《茶葉占卜卡》。它們會告訴你接下來一週圍繞著你的正、負能量。例如，你可能會翻到：

1）**騾子**：有人非常固執，不願意改變。

2）**鯨魚**：杞人憂天。

3）**獅子**：採取行動的時候。

4）**橋**：成功地克服問題。

5）**鳳梨**：和解。

6）**花瓶**：暗中仰慕你的人。

7）**四葉草**：吉利、好運。

需要注意的是，第一張卡不代表一週的第一天，第二張卡

不代表第二天，依此類推。這裡牌卡所代表的是下一週的整體運勢，這樣的理解才是正確的。決定哪些卡互有關連並一同解讀它們也很重要。以下是對這些牌卡如何連結的詮釋：

鳳梨，騾子：你已經接受了這樣一個事實：你生命中的某個人非常固執，不願意改變。現在由你決定要如何處理這個問題。

獅子、橋、四葉草、鯨魚：有一個問題讓你非常擔心。你需要解決它，如果你想成功克服的話，就必須現在行動。透過立即採取行動，你將有幸成功解決問題，整個情況會因為你的及時處理，而變成杞人憂天的小問題。（問題可能是出在那個人非常固執，不願意改變。）

花瓶：你有一個暗中的仰慕者。（這個人可能是暗中欣賞你處理問題的方式。）

解讀範例：下週運勢

彼得是一名五十二歲的律師，與妻子艾倫住在紐約。他們有兩個孩子：凱若琳，二十四歲，在英國工作；史恩，二十一歲，正在讀大學。這些是按照彼得所抽選出來

依序排列的牌卡。

駱駝：堅持下去，你就會克服問題。

手杖：注意你的健康。

啤酒杯：慶祝、樂趣、享受。

山谷：能確保你成功的深層力量與內在安定。

年輕的男人：與年輕的男人打交道或建立關係。

垂柳：家庭的悲傷。

金魚：物質財富增加或靈性成長。

彼得做了筆記，而且在週末觀察到這些符號的連結方式。

年輕的男人，駱駝：史恩在大學的日子過得很不好，他告訴彼得他想在學期末輟學，順便去找工作。彼得沒有生氣，而是保持冷靜，透過與史恩長談來化解他的疑慮。

手杖：為了某個案件，彼得長期超時工作，他覺得這張卡是一個警訊，提醒自己可以減少工作的時間。

垂柳：他們原本期待女兒凱若琳可以回家過感恩節，但她來電說工作壓力太大，無法成行。最重要的是，她只能在聖誕假期停留四天，而非她原先計劃的十天。

金魚、啤酒杯：彼得終於賣掉了他一直想處理的一塊地產。艾倫和他決定週末外出去慶祝一下。

山谷：儘管對彼得來說事情並不總是一帆風順，但這張卡提醒他，他內在有一股隨時可以提取的深厚力量。

宮位金字塔法

在此特別提醒，當你使用宮位金字塔法占卜時，你所抽選的《茶葉占卜卡》需要從廣義的角度進行詮釋。例如，愛涵蓋了所有類型的愛，不僅止於情侶或配偶之間的愛，還可以涵蓋兄弟姐妹、父母與孩子之間的愛，甚至是好友之間柏拉圖式的愛。**婚姻**不僅涉及現在的婚姻，還包括未來的婚姻與離婚。成功不僅包括你個人與職業生活中的成功，也包括任何失敗。**事業**涵蓋你當前及未來事業的各種面向。**財富**關係到你所有的金融交易，不論好壞。**幸福**則涉及生活中幸福與不幸的各種面

向。

1. 選擇一張你希望了解更多關於該生活領域的宮位卡。
   例如，你可以選擇**愛**。

2. 混合所有《茶葉占卜卡》，同時專注於你生活中正在
   發生的事情以及你的心願、希望和恐懼。抽選兩張
   《茶葉占卜卡》並將它們面朝下，放在宮位卡的下
   方。

3. 混合其餘的《茶葉占卜卡》。抽選三張卡並將它們面
   朝下，放在兩張卡的下方。

4. 混合剩餘的《茶葉占卜卡》。抽選四張卡，將它們面
   朝下放在三張卡的下方，形成一個金字塔（圖 12）。

5. 翻開所有的牌卡，此時它們會透露出圍繞著你與**愛**之
   間的正、負能量。重點是要記住，這裡的牌卡代表各
   種形式的愛：對子女的撫育、對父母的孝順等，而不
   僅是你與愛人或配偶之間的愛。

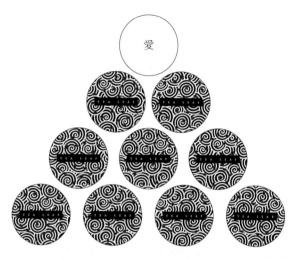

圖 12

6. 金字塔第二行的《茶葉占卜卡》，代表在兩個時段內
   會發生什麼事：兩天、兩週或兩個月。在這個案例
   中，牌卡是**長笛**：對朋友或愛人的失望；以及**繩結**：
   不成功的計畫。在這裡，失敗的計畫似乎與對愛人的
   失望有關。

7. 金字塔第三行的《茶葉占卜卡》顯示在三個時段內會
   發生什麼事。這可能是三天、三週或三個月。這裡的
   牌卡是**蝴蝶**：更好的改變；**鳥—飛翔**：消息正在路
   上；以及**鼠群**：朋友或家人之間的不和。在這裡，三
   張卡可以連結或不連結。這由解讀運勢的人來決定。

8. 金字塔第四行的《茶葉占卜卡》代表在四個時段內會發生什麼事。這可能是四天、四週或四個月。在此顯示的牌卡是**耳朵**：好消息；**椅子－有坐人**：新的人正在進入你的生活；**風鈴**：平靜與和諧；以及**心**：愛、深情、關懷。在這裡，四張卡似乎都與即將進入問卜者生活的新戀情有關。

解讀範例：宮位金字塔

瓊（June）二十七歲，是一名住在舊金山的電腦工程師。在過去的九個月裡，她一直在和史蒂芬約會；史蒂芬也是一名工程師，與瓊在同一家公司工作。瓊非常愛史蒂芬，想知道他們是否會結婚。她選擇了**婚姻**作為她的宮位卡。以下是她抽到的《茶葉占卜卡》。

兩天－兩週－兩個月內

鑽石：你將收到或贈送珍貴的禮物。

梯子：攀往成功的頂峰。

當瓊翻開這些卡時，她非常激動，因為它們充分表示史蒂芬和她很快就會訂婚。

三天內－三週－三個月內

書桌：留意你的工作。

老虎：做一些冒險的事。碰運氣。

許願骨：願望實現。

瓊覺得這幾張卡進一步證實史蒂文和她會結婚。她的願望會實現。雖然瓊想結婚，但她也同意這件事有點冒險，而且肯定是在碰運氣。瓊還認為，告誡她多留意工作是非常及時的提醒，她不得不承認最近確實有所疏忽。

四天－四週－四個月內

戒指：因愛情或事業而即將發生的婚姻。

火炬：靈性發展、開悟、覺察與理解。

狐狸：精明和足智多謀，尤其在商業上。

狗—吠叫：來自朋友的建議。

當瓊看到戒指卡時，她覺得這是最後一次確認史蒂芬會跟她結婚。她認為這會是一段美好的婚姻，因為他們彼此互補。她有很高的靈性覺察力，而史蒂芬有非常精明的商業頭腦，他們都會各自為婚姻帶來對方所沒有的東西。當瓊看到狗—吠叫這張卡時笑了出來：「我知道當我結婚時，我鐵定會從朋友那裡得到很多建議。」

茶葉符號及其涵義

1. **天使(ANGEL)：靈性的指引。**保護你不受傷害。當天使在黑暗的天空中盤旋時，明亮的光線環繞著她。她的頭髮盤繞著鮮花，垂掛的百合花包圍著她。她的右手拿著一根點燃的蠟燭。選到這個符號的人很幸運。天使表示在這張天使卡出現的時間裡，你將不受傷害。點燃的蠟燭代表你將透過靈性的指引看見前方的道路，百合花環則代表靈性層面的愛與理解。

2. **螞蟻(ANT)：工作、成就、成功。**一隻勤勞的螞蟻扛著一片和自己一樣大的葉子。牠沒有左右搖擺不定，完全專注地將葉子盡快帶到巢穴。螞蟻代表你會有所成就並成功，但你必須為此努力工作。如果你不打算付出必要的努力，那麼成就與成功就不會到來。

3. **蘋果(APPLE)：誘惑會考驗你。**一顆成熟而甜美的蘋果掛在樹枝上，引誘路人摘下它。而環繞在樹枝上，幾乎被樹葉遮住的，是一條看守蘋果的蛇。這個符號預先警告問卜者要當心。你會受到誘惑去做一些事，這些事會違背你明智的判斷，或你明明知道那是錯誤的事。你認為不會有人知道或發現。這條蛇警告你，情況並非如此。

4. **拱門(ARCHWAY)：新的機會、可能性與路徑正在開**
啟。玫瑰攀爬纏繞在舊磚牆的拱門上。一條小徑邀請
你穿過拱門，欣賞位於其後的美麗花園。這個符號表
示有新的機會在等著你。你千萬別害怕去選擇新方向
和跨越拱門，這是機會向你顯現的唯一途徑。

5. **箭頭(ARROW)：在生活的某些面向，你正走在正確**
的路上。上空有一支箭正飛向遠處的目標。陽光燦
爛，天空萬里無雲。箭頭表示在生活的某些面向，你
正走在正確的道路上，但它沒有明確指出是哪一個面
向。由於一個人的生活有許多不同的面向，因此你必
須決定這張卡究竟代表什麼。（查看連結卡，看看它
們是否透露出是哪一個面向。）

6. **斧頭(AXE)：對你不利的力量。** 一隻手揮舞著致命的
斧頭，它的刀刃鋒利而閃亮。你無法判斷拿著斧頭的
是男人還是女人的手，或是斧頭何時何地會劈向你。
斧頭是一個需要特別留心的警告，因為空中瀰漫著危
險的氣息，而且你不知道它會來自何方。（查看連結
卡，看看它們是否透露出危險的性質。）

7. **袋子(BAG)：重要的事物，例如新工作或加薪。** 桌上
放著一個柔軟的皮袋。袋子很顯然是裝滿的，但是它
被拉繩綁緊，所以你看不到裡面到底裝了什麼。桌子

代表努力工作，而袋子裡裝的東西代表你的獎勵，可能是財務的收益、權力的增加或晉升等形式。

8. **木桶(BARREL)**：你覺得生活中缺少某些東西；也許是愛、金錢或目標。一個空木桶被丟棄在樹下。樹上掉下的枯葉覆蓋在木桶周圍的地上。空木桶表示你對生活的某些面向並不滿意。這可能是你所否認的事，因為你目前不能或不想改變你的生活。重點在於你要審視生活的各個面向，並採取行動來改善你認為有所欠缺的領域。（查看連結卡，看看它們是否透露出是哪一個面向。）

9. **籃子(BASKET)**：認可。論功行賞。一個草籃放在廚房的桌上，裝滿了水果、麵包和鮮花；這些全是從美好的土地與人類的勞動中收成的財富。餐桌代表你辛勤的工作，而籃子裡裝滿很多東西，表示你的努力終將獲得認可與回報。

10. **蝙蝠(BAT)**：小心——敵人正在與你作對。一隻蝙蝠在黑暗的掩護下飛出洞穴，尋找牠的獵物。問卜者應該要當心。蝙蝠警告你要格外留意自己的言行。敵人正躲在黑暗中，隨時準備出擊。

11. **熊(BEAR)**：危險，尤其是與金錢有關的事務。一頭熊在森林中意外現身，牠可怕的吼叫打破了鄉間的寧

靜。熊預先警告你會有危險，你應該在與金錢有關的事務上盡可能謹慎。然而，有時金錢損失會超出你的控制，例如家中水管需要緊急維修，或是汽車突然拋錨，需要所費不貲的修繕，或像這類無法預期的其他開銷。

12. **金龜子(BEETLE)：好運。** 甲蟲中最大的大角金龜（Goliath beetle），正沿著一條陽光普照的金色小徑往前走。金龜子身上的標記似乎與鵝卵石的圖案吻合。這個符號表示在金龜子出現的時間裡，好運會向你微笑。（查看連結卡，看看好運是指整體的狀態，還是與特定的事物有關。）

13. **鐘(BELL)：公告。** 鐘聲在一座古老的石塔中響起，提醒下面的人聚集在一起，聆聽消息。鐘聲預告你將很快聽到影響你生活的消息。然而，這個符號沒有明確表示消息是正面還是負面的。（查看連結卡，看看它們是否透露出公告的性質。）

14. **鳥—飛翔(BIRD-FLYING)：消息正在路上。** 一隻鳥在以世界為映襯的背景下全速飛行。這隻鳥疾行如風，彷彿翅膀拍打幾下就能飛越整個地球。這個符號表示問卜者將很快收到消息、包裹或信件。然而，這個符號沒有明確表示消息的好壞。（查看連結卡，看看它們是否透露出消息的性質。）

15. **鳥一棲息(BIRD-PERCHED)：等待消息、包裹、信件。** 一隻鳥棲息在一棵芽苞正準備開花的樹上。這隻鳥的腿牢牢抓住樹枝，牠的頭歪向一邊，表示在等待或尋找什麼。這個符號表示問卜者正在等待消息、包裹或一封信，但沒有明確透露出消息的好壞。

16. **船(BOAT)：透過繼承遺產、獎金或意外之財所獲得的金錢或財產。** 一艘船在平靜的水域中航行。陽光從綿延的藍天灑落船身。一切是如此平靜與安詳。這個符號表示問卜者將透過繼承遺產、意外之財或獎金來獲得財產、金錢或物品。

17. **靴子(BOOT)：如果你想實現目標，你就得多加努力。** 一只結實的皮靴站立著，等待有人穿上它。靴子的圖案相當鮮明，但無法辨別它是男人的還是女人的。靴子正在提醒你，雖然你可能有崇高的目標，但在實現之前，需要付出更多努力。

18. **花束(BOUQUET)：來自仰慕者的讚美。** 一個優雅的花瓶裡盛放著一束美麗的鮮花。這張牌表示問卜者將收到仰慕者的讚美。雖然這些恭維可能有浪漫的成分，但問卜者不該自動認為只有這一種可能性。這個符號可能表示來自任何來源的讚美。它們可以是老闆對工作表現優異的讚揚；父母對孩子的稱讚；或是朋友的誇獎。

19. **蝴蝶結(BOW)：你受到高度的重視。**一個紅色的緞面蝴蝶結裝飾著某人的頭髮。這張牌表示你受到高度的重視與欽佩，但這張牌並沒有透露出仰慕者是男性還是女性。（查看連結卡看看它們是否透露出更多訊息。）

20. **碗(BOWL)：很多物質性的事物。**一個圖案精美的碗裡裝滿各種甜美成熟的水果。這個符號表示你會享受到很多物質方面的東西。不過要注意，別太看重它們的價值；就像水果一樣，很快就會腐爛而不得不扔掉。所擁有的物質很快也會失去光澤和吸引力。

21. **盒子(BOX)：你會收到一份禮物。**一個精美華麗的漆器盒立在你面前。它被安全地上鎖，為的是保持神祕感。這個符號表示你很快會收到禮物，但沒有透露禮物是什麼或來自於誰。這個符號也代表你可能將收到一份靈性的禮物。（查看連結卡看看它們是否透露出更多訊息。）

22. **麵包(BREAD)：繁榮與富足的時期。**廚房的桌上放著一條新鮮出爐的麵包，旁邊是一袋麵粉。這袋麵粉裝得太滿了，裡面的東西都灑到桌子上。餐桌代表你辛勤工作，麵包和麵粉代表你勞動的成果。這個符號表示，你將享受一段以家為中心的繁榮富足時期。

23. 橋(BRIDGE)：成功地克服問題。 一座橋橫跨在溪谷中，溪谷兩邊有高聳的懸崖。一條冒泡的小溪在下方峽谷中奔流。陽光燦爛，湛藍的天空萬里無雲。這座橋表示一直困擾你的問題將成功被克服。

24. 斷橋(BROKEN BRIDGE)：問題的結果並不成功。 湍急的河流在斷橋的柱子邊翻滾著。天空一片灰暗，布滿了積雨雲。大雨從斷橋上傾瀉而下。這張卡表示一直困擾你的問題最後結果並不成功。（查看連結卡，看看它們是否透露解決問題的替代方案。）

25. 斷掉的戒指(BROKEN RING)：在愛情或事業上分道揚鑣。 一枚生鏽的金戒指，在一堆枯萎的花朵和樹葉上斷成三截。這張卡表示問卜者很快就會在愛情或事業上分道揚鑣。枯萎的花朵和樹葉象徵著死亡，死去的是與這段關係有關的夢想及希望。斷掉的戒指則象徵著曾圍繞於此的人們，他們之間的聯繫被打破了。

26. 斷掉的許願骨[9](BROKEN WISHBONE)：願望不會實現。 一個巨大、斷裂的許願骨出現在問卜者面前。這個符號帶來令人不快的消息，因為它表示問卜者心中十分珍視的願望將不會實現。

---

9 據說在吃家禽類的食物時，兩人將頸與胸骨之間的 V 形叉骨拉開，拿到較大一塊的那個人就可以許願。

27. **掃帚(BROOM)：新家。新態度。** 一把掃帚立在一堆枯葉的旁邊。在背景中可以看到一棟被鮮花圍繞的漂亮小屋。這張卡代表除舊布新。對問卜者來說，它可能代表一個新家、一個新的工作職位，或是面對周遭事物的新心態。

28. **公牛(BULL)：不要因反對而退縮。展現力量和毅力。** 一頭公牛站在一棵樹下。牠低著頭，代表已經準備好起身攻擊。公牛代表某種情況或人，你面對它們時不能退縮。面對這個人或情況你需要拿出所有的力量與毅力，絕對不能讓步。（查看連結卡，看看它們是否透露出有關這個人或情況的訊息。）

29. **蝴蝶(BUTTERFLY)：一個更好的改變。** 一隻色彩絢麗的蝴蝶在花朵上短暫停留。陽光燦爛，天空一片蔚藍。蝴蝶穿梭在花叢中，不再是一條四處爬行的矮小毛毛蟲。牠破繭而出，耀眼地活出非凡精緻的美。這個符號表示你很快將體驗到更好的變化。但這真的是更好的改變嗎？在當下看起來可能是這樣，但之後是不是就得由你決定了。

30. **駱駝(CAMEL)：堅持下去，你就會克服問題。** 一頭駱駝背負沉重的行囊，在炎熱的沙漠中緩慢跋涉，無法從烈日中解脫。然而，駱駝仍昂首前行，決心抵達綠

洲以及在那裡等待牠的人。駱駝表示你可能會感到巨大的壓力，但如果你在逆境中堅持下去，問題就會迎刃而解。

31. 蠟燭(CANDLE)：你會被指明方向。 一根點燃的蠟燭在黑暗中發光。百合花圍繞著它。百合花代表靈性層面的愛，點燃的蠟燭則向你保證，你會被指明方向。（查看連結卡，看看它們是否透露出更多訊息。）

32. 手杖(CANE)：注意你的健康。 一位疲倦的旅者在一棵樹下休息，這棵樹正落葉紛紛。旅者把他的手杖放在面前，好像要站起來。這張卡提醒你要注意健康。可能是你試圖做太多事，或是你承擔了太多責任。這張卡建議你要慢下來。

33. 馬車(CARRIAGE)：在身體或精神上的一趟旅程。 一輛關起門的馬車正沿著鄉間小路行駛。花草樹木與道路相接壤。你無法看到車廂裡的人。這個符號表示你將在身體或精神上進行一趟旅程。如果旅程發生在精神層面，那麼這趟旅程結束時，你將會以不同的方式來看待事物。

34. 胡蘿蔔(CARROT)：機會或意外之財。 一根剛摘下來的胡蘿蔔躺在胡蘿蔔田裡，陽光在綠葉上閃閃發光。選到這張卡的問卜者很幸運。它代表一個機會或一筆

意外之財，你只要付出一點點的努力或無須任何付出就能得到。

35. **棺材(CASKET)：有人離開你的生活或結束某種情況。**一具闔上的棺材躺在開放的墳墓裡。鮮花圍繞著墳墓，但棺材頂部卻空無一物。棺材表示在指示的時間內將發生某種結束。這可能代表你生活中的某個重要人物不再存在或代表浪漫關係的結束。也可能代表事業關係或某個情況的結束。

36. **貓(CAT)：一個雙面人朋友。**一隻看似溫和的貓坐在石地上，享受午後的陽光。在貓的肩膀上出現一張咆哮的貓臉，正準備撲向獵物，顯露牠真實的本性。這張卡是一個警告，要小心你視為朋友的人。這些人之中有一個是雙面人，不可信任。

37. **毛毛蟲(CATERPILLAR)：事情不會總是如此。改變即將來臨。**一隻毛毛蟲正在吃一棵幼嫩的綠葉植物。牠成天覓食與休息，為成為美麗蝴蝶的那天做好準備。這個符號表示問卜者的生活即將發生巨大變化，一旦發生，事情將永遠不再相同。然而，這個符號沒有明確表示事情是變好還是變壞。（查看連結卡，看看它們是否透露出變化的性質。）

38. 鏈條(CHAIN)：即將影響你生活的連鎖事件。一條粗而有力的鏈條將人與事聯繫一起。這個符號表示一串的事件將會直接或間接影響你的生活。

39. 椅子—沒坐人(CHAIR-EMPTY)：有人要離開你的生活。空蕩蕩的房間裡放著一把空椅子。這個符號表示有一位重要人物即將離開（或剛剛離開）你的生活。它沒有透露這個人是男是女，或者情況會變得更好還是更糟。（查看連結卡，看看它們是否有透露這個訊息。）

40. 椅子—有坐人(CHAIR-FILLED)：新的人正在進入你的生活。一個人坐在問卜者面前的椅子上。由於角度的原因，你無法分辨是男是女。椅背裝飾著鳶尾花，代表這個人對問卜者來說帶著重要的訊息。這個符號表示某人將進入（或剛剛進入）你的生活，但沒有透露這個人是男是女，或者情況會變得更好還是更糟。（查看連結卡，看看它們是否有透露這個訊息。）

41. 利爪(CLAW)：當心 —— 不要冒險。一個巨大的利爪，高懸在布滿積雨雲的天空中，出現在問卜者的面前。這張卡警告你在指示的時間內要格外小心，不論在何種情況下，你都不應承擔任何風險。

42. **雲(CLOUDS)：暫時的問題。**黑色的積雨雲布滿天空，但太陽從其中一朵雲的後面探出頭來。這是一個正向的符號，因為它代表你的問題只是暫時的，太陽很快就會再次閃耀。

43. **棍子(CLUB)：有人試圖逼你做出違背意願的事情。**一支巨大且兇惡的棍子出現在布滿積雨雲的天空。這個符號是一個警告，有人會試圖說服你做出違背你明智判斷的事情。在極端的情況下，你可能還會受到脅迫，或被勒索而做出違背自己意願的事情。

44. **蜘蛛網(COBWEB)：保護你免受無法掌控的負面力量影響。**蜘蛛網在兩朵美麗的花之間轉動。清晨的陽光照耀著，反射出掛在網上的露珠。選到這張卡的問卜者很幸運，因為在這張卡出現的時間內，你會受到保護，不會被無法掌控的負面能量影響。

45. **硬幣(COINS)：金錢會找上你。**巨大的硬幣出現，從萬里無雲的天空中掉落到花壇上。選到這張卡的問卜者會獲得好運，因為它代表金錢即將到來。

46. **破掉的杯子(CRACKED CUP)：對生活的不滿意。**一個破掉的杯子碎在狹窄的鄉間小路上，有人把它扔掉了。溢出的液體潑灑在它周圍的地面上。狹窄的鄉間小路象徵你的生活，廢棄的破杯子則代表你對生活的

某些面向不滿意。

47. **嬰兒床(CRIB)：新生兒或新事業的誕生。**剛出生的嬰兒躺在由柳條編成的漂亮嬰兒床裡。嬰兒床邊綴有蕾絲與鮮花。這張卡象徵問卜者或與他關係密切的人，會有孩子出生或受孕的情況。這張卡還代表問卜者或與他關係密切的人會成立企業或開始一份事業。

48. **王冠(CROWN)：榮譽和敬重會降臨於你。**一頂鑲滿珠寶的金色王冠出現在問卜者面前。這個符號表示你很快就會得到這段時間以來應得的榮譽和敬重。

49. **杯子(CUP)：你應該接受合理的批評。**一只杯子放在廚房的桌子上，背後是一只茶壺。茶壺代表友誼。這張卡建議問卜者在有人向你提出合理批評時不要生氣。這張卡還建議你接受建設性的批評，並在可能的情況下加以利用。

50. **匕首(DAGGER)：恐懼、擔憂、緊張的局勢。**一隻拿著匕首的手從烏雲密布的天空中出現。雨水掠過匕首，你不知道匕首何時何地會刺向你。這張牌預告問卜者將面臨一個充滿恐懼、擔憂和緊張的局勢。（查看連結卡，看看它們是否透露出緊張局勢的性質。）

51. **深色的男人(DARK MAN)**：與深膚色或深髮色的男人打交道或建立關係。圖中是一個頭髮和肌膚黝黑的男人。他的面容深不可測。你將與一個膚色或頭髮黝黑的男人打交道或建立關係。然而，這個符號沒有透露這個人是朋友還是敵人，或這種關係是浪漫的、財務方面的還是社交的性質。（查看連結卡，看看它們是否透露出這個男人的本質。）

52. **深色的女人(DARK WOMAN)**：與深膚色或深髮色的女人打交道或建立關係。圖中是一個頭髮和肌膚黝黑的女人。她的面容深不可測。你將與一個膚色或頭髮黝黑的女人打交道或建立關係。然而，這個符號沒有透露這名女性是朋友還是敵人，或這種關係是浪漫的、財務方面的還是社交的性質。（查看連結卡，看看它們是否透露出這個女人的本質。）

53. **書桌(DESK)**：留意你的工作。雕刻精美的書桌象徵問卜者的事業。然而，書桌上方卻散落著尚未完成的作品。這個符號警告你要更加關注你的工作，否則你可能會因忽視它而付出高昂的代價。

54. **鑽石(DIAMOND)**：你將收到或贈送珍貴的禮物。一顆多面的大鑽石閃閃發光。它的四周圍繞著玫瑰與百合花。玫瑰代表浪漫，百合代表靈性層面的愛，而鑽

石則代表禮物的珍貴程度，但重點並非禮物的成本，因為它可能花不了多少錢或根本不花錢。禮物之所以珍貴，在於它對送禮者或收禮者的意義。

55. 狗(DOG)：來自一個有力朋友的保護。 一隻體格健壯的狗正在站崗，隨時準備對敵人採取行動。這張牌表示一個有力的朋友會保護問卜者。這個有力的朋友可能是親戚、商業夥伴或社交上的熟人。他也可能是你在法律或金錢事務上有來往的人。

56. 狗群(DOGS)：和朋友們聚在一起。 兩隻狗一起玩得很開心。這張牌預告你會和朋友們聚在一起而且玩得很開心。朋友們可以是男性或女性。

57. 狗—吠叫(DOG-BARKING)：來自朋友的建議。 一隻狗正在吠叫，臉上帶著認真的表情，試圖引起問卜者的注意。問卜者應該要留意。這張卡表示朋友或親戚會給你一些建議。重點在於你要注意這個人所說的話，別認為它無關緊要。

58. 狗—特寫(DOG-CLOSE UP)：與好友共度美好時光。 這張卡顯示了一隻狗，臉上帶著頑皮的表情。這個符號表示你將與親密的朋友或親戚相處愉快。它沒有透露這個朋友是男性還是女性。

59. 狗—遠方(DOG-FAR AWAY)：一個遠方的朋友正在想你。一隻狗站在遙遠的背景中，臉上帶著渴望的表情。這個符號表示離你有段距離的朋友或親戚正在想你。這也可能代表一個與你疏遠的朋友或親戚正在想你，而且想伸出手來弭平嫌隙。

60. 海豚(DOLPHIN)：財務上的收益，通常來自你過去所做的事。一隻海豚以優美的弧線躍出海面。當海豚翻觔斗時，陽光在牠身上閃閃發光。這張牌表示問卜者獲得財務上的收益。財務收益通常來自你過去所做的事，例如購買房產或投資，或者來自前些時日所開始的計畫。

61. 門(DOOR)：機會在等著你。一扇厚重且華麗的門深嵌在磚牆裡。這個符號表示有新的機會在一旁等候著你。然而，如果你不跨出第一步，這些機會就不會出現。你絕對不要害怕，去打開門並穿越它，看看另一邊到底有什麼。

62. 龍(DRAGON)：提防自欺的行為。一條噴火龍因自負而膨脹，出現在問卜者面前。然而，這條龍看起來有點誇張，像是出現在諷刺漫畫裡的角色般不真實。這個符號表示你在某些情況下應提防自欺的行為。無論多麼痛苦，你都應該面對真相，以及採取相應的行動。

63. 鷹(EAGLE)：戰勝困難與障礙。 鳥之王者不畏挑戰，也不害怕敵人。這張牌預告鷹的精神正在指引你，你最終會戰勝目前所面臨的困難與障礙。

64. 耳朵(EAR)：好消息。 耳朵象徵問卜者很快就會聽到好消息。它還建議問卜者放下消極的態度，轉而看待事物的光明面而非陰暗面。

65. 蛋(EGG)：在計劃妥當與努力工作下，保證你會成功。 一顆金蛋躺在樹枝上的窩裡。蛋向你保證你會成功，但前提是你計劃妥當並努力工作。就像蛋可能會從巢穴中倒下和破裂，如果沒有好好地計劃與工作，成功也可能從你身邊溜走。

66. 大象(ELEPHANT)：身體上或精神上的長途旅行，最終會讓你變得更有智慧。 一頭聰明的老象在水坑旁休息。這個符號表示你將從目前所處的位置，開始一段漫長的身體或精神之旅。你在這趟旅程中所獲得或發現的訊息，將永遠改變你對生活的看法。

67. 眼睛(EYE)：通靈能力——相信你的直覺。 一隻無所不見、無所不曉的眼睛，回望著問卜者。這張牌告訴你，你有通靈能力，你應該相信自己的直覺，當你違背直覺的時候，就是你犯下最大錯誤的時候。

68. 淺色的男人(FAIR MAN)：與金色、灰白或白髮的男人打交道或建立關係。圖中是一個肌膚白皙、髮色淺白的男人。他的面容深不可測。你將與一個膚色白皙，金色、灰白或白髮的男人打交道或建立關係。然而，這個符號並沒有透露這個人是朋友還是敵人，或這種關係是浪漫的、財務方面的還是社交的性質。（查看連結卡，看看它們是否透露出這個男人的本質。）

69. 淺色的女人(FAIR WOMAN)：與金色、灰白或白頭髮的女人打交道或建立關係。圖中是一個肌膚白皙、髮色淺白的女人。她的面容深不可測。你將與一個膚色白皙，金色、灰白或白髮的女人打交道或建立關係。然而，這個符號並沒有透露這名女性是朋友還是敵人，或這種關係是浪漫的、財務方面的還是社交的性質。（查看連結卡，看看它們是否透露出這個女人的本質。）

70. 扇子(FAN)：浪漫、慶祝、派對。一把精美的彩繪扇子完全展開，盡顯美麗的設計。這是一個喜慶的符號，表示你很快就會有值得慶祝的事情，或會在派對上玩得很開心。它也是一張浪漫的卡，暗示你現在、或是即將與某人發生浪漫關係。

71. **羽毛(FEATHER)**：你認識的某個人不可靠與不真誠。一根被風吹起的羽毛落在地上，緊貼著幾朵垂死的百合花。隨風飄動的羽毛代表人性的多變，垂死的百合花象徵靈性層面愛的喪失。這張卡是一個預警，要小心你信任的人。你認識的人會變得不可靠或不真誠。

72. **手指(FINGER)**：警告你現在或不久的將來出現的問題。一隻手在問卜者面前高舉起來，它伸出右手指以示警告。這張卡表示問卜者正在（或即將）面對的問題。問題可能與健康、財務或人際關係有關。（查看連結卡，看看它們是否透露出警告的性質。）

73. **火(FIRE)**：強烈的情緒。濃烈的愛恨。火勢在烏雲密布的天空下失控。這是給你的警訊，如果任由你的愛恨情仇肆虐失控，這股濃烈的情感可能會將你吞噬。你應該要盡量控制自己的情緒，以免發生這種情況。

74. **鞭炮(FIRECRACKER)**：興奮。鞭炮在問卜者的頭頂上迸發出絢麗色彩。這張卡表示令問卜者感到興奮的情況或事件即將發生。

75. **旗子(FLAG)**：別受到誘惑而降低你的標準。一面旗幟飄揚在桅杆上，高傲而威嚴，象徵正直與榮譽。你會發現自己正處在誘惑中而降低標準。這個符號警告你不應訴諸權宜之計，而要按照過往你所秉持的高標準

來生活。

76. 花(FLOWERS)：幸福。一隻鳴唱的鳥兒停在枝頭上，樹枝布滿新開的白花。這隻年幼的鳥兒看起來無憂無慮。這張卡代表問卜者在指示的時間內會度過一段無憂無慮的幸福時光。

77. 長笛(FLUTE)：對朋友或愛人的失望。一支無聲的長笛放在一瓶凋零的玫瑰旁邊。美麗的鮮花與音樂已經成為過去式。這張牌表示問卜者會對他信任的朋友或愛人感到非常失望。

78. 蒼蠅(FLY)：健康欠佳的時期。沮喪。一隻蒼蠅啜飲著不新鮮而且灑出來的酒。玻璃杯的周圍散落著發霉的麵包與乳酪。這張卡警告你可能會在身體或精神上面臨一段健康欠佳的時期。起因可能是你對自己的健康不夠重視。這個符號提醒你要重新評估你的生活方式。

79. 森林(FOREST)：混亂、不清楚的想法。一片茂密且黑暗的森林擋住了問卜者的去路。這裡沒有顯示如何穿過濃密枝葉的路徑。你懷疑自己，不知道要如何才能度過難關。這個符號表示你正試圖解決某些問題或情況，卻沒有好好想清楚或事先計劃。

80. 四葉草(FOUR-LEAF CLOVER)：吉利、好運。一株翠綠的四葉草面朝問卜者。四葉草非常罕見，能夠找到它的人真的很幸運。在指示的時間內，好運將屬於你。

81. 狐狸(FOX)：精明和足智多謀，尤其在商業上。一隻被灌木叢遮住部分身影的赤狐，正在掃視鄉間的田園。狐狸是個狡猾大膽的獵人，知道何時該冒險，何時該放低姿態。這個符號表示在特定的時間內，問卜者將受到狐狸精明和機智的啟發。

82. 煎鍋(FRYING PAN)：麻煩、指責。有一個煎鍋擱在熱火上。火燒得太燙了，鍋裡煮的肉滋滋作響、焦黑一片，還噴得到處都是。這張牌預告前方會有麻煩。你應該格外小心，以免遭受任何可能針對你的指控。

83. 漏斗(FUNNEL)：挫敗的時期。需要記取的教訓。一個裝滿穀物的漏斗扣在一個大石瓶的頸部。裝滿瓶子需要很長的時間，因為一次只有少量的東西可以通過漏斗。農民有很多需要裝滿的瓶子，因過程耗時而深感不耐。這個符號表示你會因事件進展緩慢，而經歷一段感到挫敗的時期。然而，一旦這個階段結束，你會發現自己學到寶貴的一課，如果事件進展太快的話，你反而什麼也學不到。

84. **木槌(GAVEL)：涉及法律的事務。** 一個木槌握在法官手中。這個符號表示問卜者將在特定的時間內涉及法律的事務。（查看連結卡，看看是否透露出所涉及的性質。）

85. **金魚(GOLDFISH)：物質財富增加或靈性成長。** 一條優雅的金魚在清澈湛藍的水中游泳，水被陽光染成了金色。牠在池塘裡來回游動，長鰭與尾巴緩慢搖擺。這張卡表示在指示的時間內，問卜者可能會獲得物質財富的增加，或是會經歷靈性的成長。

86. **銅鑼(GONE)：一個振奮人心的事件。** 一個上半身赤裸的男人，拿著沉重的槌子敲擊一個巨大且華麗的銅鑼。這個符號預告即將發生振奮人心的事件。（查看連結卡，看看它們是否透露出事件的性質。）

87. **葡萄(GRAPES)：是時候出去玩耍。** 葡萄藤上掛著一大串成熟多汁、等待採摘的紫色葡萄。這個符號建議你需要從日常例行的事務中抽身休息一下。現在是你出去玩耍的時候。

88. **蚱蜢(GRASSHOPPER)：需要小心應付的平衡狀態。** 一隻蚱蜢停在草莖上。草莖看起來十分脆弱，無法承受牠的重量，但在蚱蜢開始移動之前，整體狀態是完美平衡的。當蚱蜢移動時，牠必須非常小心，否則會

有掉落的風險。這個符號提醒問卜者，在完美的平衡中，存在著需要謹慎應付的情況。它還建議問卜者在嘗試解決問題之前，盡可能尋求專業的建議。

89. 吊床(HAMMOCK)：在身體或精神上的度假。 吊床懸掛在兩棵開花的樹之間。陽光在萬里無雲的藍天中閃耀。這個符號表示你將在身體或精神上度假，遠離日常生活的壓力與緊繃。

90. 手(HAND)：需要幫忙、協助和指導。 有一隻手伸出來舉向天空。你無法判斷這到底是男性還是女性的手。這個符號表示你在生活的某些面向需要幫助。可惜的是，這個符號並沒有顯示是否會得到幫助。（查看連結卡，看看它們是否透露出更多訊息。）

91. 握手(HANDSHAKE)：與某位陌生人的相遇可能很重要。 兩隻手以握手的方式勾在一起。一隻手從天空伸出，另一隻手從地球伸出。這張卡表示在特定的時間內，你會遇到一位陌生人，他可能在你的生活中扮演非常重要的角色。然而，這張卡並沒有透露這場會面的好壞。

92. 豎琴(HARP)：極大的幸福。 有如天使般的手指彈奏著金色的豎琴。點綴豎琴的是一條神祕的魚，牠正在聆聽美麗的天籟。選到這張卡的問卜者很幸運。你會感

受到極大的幸福；那是一種來自內心靈性層面的愛，以及對生活與同胞感到滿足的幸福。

93. **帽子(HAT)：你將扮演不同的角色。** 從海平面升起的太陽，將一頂帽子照得輪廓鮮明。海洋代表創造萬物的搖籃，日出則代表新開始與新想法。這頂帽子表示你很快就會在你的生活中扮演不同的角色。（查看連結卡，看看它們是否透露更多的訊息。）

94. **乾草堆(HAYSTACK)：業力──善有善報，惡有惡報。** 新堆放的乾草堆坐落在剛收割的草地上。天空一片蔚藍，但點綴著幾朵可能會變成積雨雲的白雲。乾草堆代表你即將收穫的業力。如果你在過去種下善業，那麼你將會收穫善果。如果是惡業，那麼惡果就會回來糾纏你。

95. **心(HEART)：愛、深情與關懷。** 一顆美麗的心被剛綻放的紅玫瑰包圍著。這張充滿關懷的卡表示你對某人懷有愛或深情，或是有人對你懷有愛或深情。

96. **山丘(HILLS)：需要克服的障礙。** 問卜者的面前聳立著綿延的山丘。要登上它們不是不可能，只是地形比較難以跨越。這些山丘代表你不得不面對的問題。這些問題並非無法克服，但你的人生旅途會變得更加艱辛。然而，正如從山頂上能更容易看到周遭的景觀，

當你解決這些問題後，你會更容易審視自己的生活。

97. 馬(HORSE)：短程旅行。 一匹躍起的馬邀請你騎上牠。這張卡表示你將在特定的時間內從事短程旅行。然而，這張卡沒有顯示這趟旅程是商務還是休閒的。（查看連結卡，看看它們是否透露出旅程的性質。）

98. 馬蹄鐵(HORSESHOE)：好運。 一個閃閃發光的馬蹄鐵出現在問卜者面前。鮮花從天而降。選到這張卡的問卜者確實很幸運，因為它表示好運會在特定的時間內降臨於你。

99. 墨水瓶(INKPOT)：有待解決的問題。 桌子上有一個翻倒的墨水瓶。一支鵝毛筆放在一旁溢出來的墨水中。這張卡代表你有些不願意面對的問題。這張卡建議你在特定的時間內下定決心（或開始）去解決這些問題。

100.水壺(JUG)：輕鬆、無憂無慮的時光。 一個飾有鮮花與葡萄的錫壺，邀請你品嘗它所裝盛的清爽液體。這個符號表示你將迎來一段輕鬆、無憂無慮的時光。

101.袋鼠(KANGAROO)：動盪的時期。需要提前計劃。 一隻袋鼠跳來跳去，從一個方向跳到另一個方向，沒有明確的計畫。這張卡警告你不要試著同時朝太多方

向奔跑，因為這會消耗你的精神、體能與錢財。你應該要花時間替未來制定合理的計畫，然後遵循它們。

102.鑰匙(KEY)：成功解決你的問題。一把華麗的鑰匙在燦爛的陽光下閃閃發亮。選到這張卡的問卜者很幸運，因為它表示你現在面臨的問題會有一個成功的結果。

103.風箏(KITE)：假期。一個色彩鮮豔、金魚形狀的風箏，飄揚在萬里無雲的高空中。金魚象徵物質財富的增加或靈性的成長。這張卡表示你會去度假。這張卡沒有明確說明是什麼假期；它可以是在夢幻島嶼度假，也可以是擺脫日常生活的瑣事。這也可能代表一種精神上的假期，你能夠脫離周遭環境的壓力放鬆下來。

104.繩結(KNOT)：不成功的計畫。一根粗繩子纏繞著，打了結放在地上。這張牌表示問卜者所制定的計畫將不會成功。

105.梯子(LADDER)：攀往成功的頂峰。一個牢牢固定在地面的梯子，不斷伸向天際。儘管陽光燦爛，但天空仍綴有白色的小雲朵。這張卡表示你在生活的某些面向正朝成功邁進，但雲朵象徵你要先克服的暫時性問題。

106.腿(LEG)：步入新的體驗。 一條腿穩固地踩在地上。即使這條腿線條優美、壯碩結實，也無法看出這到底是男人還是女人的腿。這張卡表示你將在指示的時間內步入新的體驗。（查看連結卡，看看它們是否有進一步說明是什麼種類的體驗。）

107.閃電(LIGHTNING)：控制你的怒氣，否則你會後悔。 一道閃電從布滿風暴的天空中轟然落下。這張牌警告你不要讓憤怒失控。如果你一怒之下就大發雷霆，你將後悔莫及。

108.百合(LILY)：靈性的愛。 一朵美麗的白色百合，以神聖且純潔的靈性之愛充滿問卜者的心靈。現在是你與他人分享這份愛的時候了。

109.獅子(LION)：採取行動的時候。 一頭獅子——叢林與萬獸之王，正踏著堅定的步伐穿越大草原，準備迎接並征服任何阻擋牠去路的事物。無論是人類或野獸，牠都無所畏懼。請以獅子為榜樣，克服你的優柔寡斷。現在是採取行動的時候，或是去面對你躊躇不決的後果。

110.龍蝦(LOBSTER)：財務緊縮。 一隻龍蝦在等候粗心大意的獵物，準備用牠異常壯大的鉗子進行攻擊。這張卡建議你在指示的時間內，好好對自己的財務負起責

任。如果不這麼做，可能會導致嚴重的財務壓力。

111.男人(MAN)：與男人打交道或建立關係。圖中有一個男人。他的面容深不可測。這張卡表示你將在指示的時間內與一個男人有重要的來往或關係。然而，這個符號沒有透露這個人是朋友還是敵人，或這種關係是浪漫的、財務方面的還是社交的性質。（查看連結卡，看看它們是否透露出這個男人的特質。）

112.鼠群(MICE)：朋友或家人之間的不和。三隻老鼠各自往不同的方向移動。老鼠是貧窮的象徵，在這裡則代表缺乏對他人的善良與理解。這張卡表示你與朋友或家人不和。你應該仔細檢視分歧背後的原因，並試著從對方的角度看問題。現在是善用人際互動技巧的時候。如果不這麼做，你可能會因為缺乏對他人的理解，而發現自己的心靈也跟著變得貧乏。

113.金錢小徑(MONEY PATH)：一條鋪滿金錢的道路等著你去發掘。一條鋪滿金幣的蜿蜒小徑藏在某個地方。關於這條路的下落，目前沒有任何線索，必須由你親自找到它。這張卡告訴你，有一條鋪滿金錢的道路等著你去發現。可惜的是，這條路不會自己出現；你必須找到獲得它的方法，否則路上的金幣將永遠閃避著你。

114.月亮(MOON)：你生活中的變化。一輪滿月照亮了夜空。正如滿月會變成新月，你也必須為生活中的變化做好準備。然而，這個符號沒有透露這些變動是有益還是有害的。（查看連結卡，看看它們是否透露出更多訊息。）

115.山(MOUNTAIN)：需要克服的主要挑戰。一座荒涼且險峻的高山就聳立在問卜者的道路上。沒有什麼簡單的方法可以繞過或跨越它。山腰上有一些可能的建議路線，但無法保證哪條路線是絕對正確的。這個符號表示你必須面對和應付重大的挑戰。試圖避開或繞過它只會白忙一場。問題的處理沒有單一的方法，因此你必須非常留意自己選擇的路徑，確保它正確無誤。

116.山路(MOUNTAIN ROAD)：你正走在成功之路上。一條狹窄的道路蜿蜒在一座陡峭的山上。它充滿了急轉彎和危險的曲徑，必須小心行駛。這個符號表示你正走在成功的道路上，但只有在每一步都走得謹慎時，才能確保成功。你無法期待自己在變換不同方向的同時還能成功。

117.騾子(MULE)：有人非常固執，不願意改變。一個男人正拉著一頭朝反方向行走的騾子。騾子拒絕轉身跟在男人身後。一場雙方都不願意讓步的意志之戰已然

展開。這張卡表示你很執著自身的觀點，或是某個你認識的人很固執，不願意改變。

118.針線(NEEDLE&THREAD)：真誠的願望將會實現。一條絲線穿過一根小針的針孔。重要的是把針線穿好，因為只有這樣才能實現願望。這個符號表示一個問卜者真心許下的願望將會實現。

119.鳥巢(NEST)：一個情感安全、充滿愛的家庭對你來說很重要。一個裝滿蛋的鳥巢穩固地安放在樹枝上。鳥巢被樹上的葉子藏了起來，這樣偷蛋的掠食者就沒辦法入侵。這張卡表示，成為一個充滿支持與愛的家庭一份子對你來說非常重要。

120.年長的男人(OLDER MAN)：與年長的男人打交道或建立關係。圖中是一位年長的男人。這張卡表示你將在特定的時間內與一位年長的男人有重要的來往或關係。然而，這個符號沒有透露年長的男人是朋友還是敵人，或這種關係是浪漫的、財務方面的還是社交的性質。（查看連結卡，看看它們是否透露出年長男人的特質。）

121.年長的女人(OLDER WOMAN)：與年長的女人打交道或建立關係。圖中是一位年長的女人。這張卡表示你將在指示的時間內與一位年長的女人有重要的來往

或關係。然而，這個符號沒有透露年長的女人是朋友還是敵人，或這種關係是浪漫的、財務方面的還是社交的性質。（查看連結卡，看看它們是否透露出年長女人的特質。）

122.**貓頭鷹(OWL)**：來自智者的好建議。一隻貓頭鷹坐在樹枝上，和滿月相互輝映。牠的睿智之眼觀察著周遭所發生的一切。這張卡建議你留意一些你內心敬仰且見多識廣的人所提供給你的好建議。這個建議會幫助到你。

123.**水桶(PAIL)**：擺脫困境的時候。一個翻倒的水桶躺在石地上的一攤水中。這張卡表示現在是你擺脫困境的時候。這可能涉及戀愛關係，也可能是事業或財務狀況。這個符號還表示可能存在法律的問題。（查看連結卡，看看它們是否透露出有關情況的更多訊息。）

124.**鸚鵡(PARROT)**：有人會八卦你所有的祕密。一隻豔麗的鸚鵡棲息在枝頭上大聲鳴叫，叫到每個人都聽得見。這個符號警告你要管好自己的舌頭，否則別人會八卦你寧可帶進墳墓裡的祕密。

125.**孔雀(PEACOCK)**：提防自負的行為。一隻虛榮的孔雀昂首闊步，尾羽打開，向世人展示自己。這張卡警告你別自我膨脹，也不要美化你的成就。你也應該要

提防那些抬高自己的自負之人。

126.豬(PIG)：提防貪婪的行為。一頭又圓又胖的豬從灌木叢中伸出鼻子，牠尋覓更多的食物，讓自己變得更胖。這張卡建議問卜者別太貪婪。這張卡還向你發出預警，要提防其他可能因貪婪而傷害你的人。

127.大頭針(PIN)：新工作／事業。一根銀色的大頭針放在紫色的天鵝絨墊上。針的頭部與頸部裝飾得很精美。這個符號有兩個涵義。一個是你很快就會有新工作或新事業。另一個則是你已經擁有的工作或事業，很快就會朝新的方向發展。

128.鳳梨(PINEAPPLE)：和解。一個成熟多汁的鳳梨立在廚房的桌子上。這張卡代表和解的兩種涵義：一方面，鳳梨預告在分離或爭吵後，你會與家人、朋友或親人和解。另一方面，鳳梨代表你會接受生活中暫時無法改變的不愉快。

129.錢包(PURSE)：注意你的財務狀況。一個錢包打開來，金幣全灑在桌子上。這張卡警告你要注意你的財務狀況。這可能是因為你不理智花了太多錢，或者你應該要更仔細地檢查你的投資。

130.**鵝毛筆(QUILL)：回歸基本面。**一支堅固好用的鵝毛筆就這樣被擱在桌子上。這個符號警告你要更加關注建構你自身生活的基本面。它們是你生活的基礎，當你的幻想破滅時，它們會是支持你的力量。

131.**兔子(RABBIT)：過度關注性的問題。**一隻公兔在田野裡，等待不知情的母兔經過牠走的路。公兔滿腦子只想著交配，對周遭發生的事情一無所知。這張卡建議問卜者不要滿腦子都只想著性。適可而止才是上策。

132.**彩虹(RAINBOW)：情況中最困難的部分已經結束。**一道絢麗的彩虹從萬里無雲的天空一端延伸到另一端。這個符號表示你已經處理了情況中最困難的部分，未來的事情會容易得多。（查看連結卡，看看它們是否透露有關情況的更多訊息。）

133.**公羊(RAM)：一個固執、好鬥的人。**一隻公羊出現，牠的頭上盤繞著巨大的角。公羊守衛著自己的領地，準備與任何妨礙牠的人事物戰鬥。這張卡表示問卜者本身固執好鬥，或是問卜者將與一位固執好鬥的人打交道。無論是哪種情形，問卜者都應該當心，並盡量保持圓融的態度。

134.**大老鼠(RAT)：有人在背後跟你作對。**一隻眼睛銳利的大老鼠，從牠草叢的藏身之處暗中窺視。牠觀察問

卜者所做的一切，並尋找機會拿它來鞏固自己的地位。這張卡警告有人在背後跟你作對。這張卡還建議你留心自己的言行，因為有人可能會拿它來對付你。也不要隨意指責他人是老鼠，除非你能完全確定，否則這種指責可能會再次困擾你。

135.戒指(RING)：因愛情或事業而即將發生的婚姻。一枚閃亮的金戒指旁邊圍繞著百合與玫瑰，象徵靈性與浪漫的愛。這個符號表示你（或你身邊的人）很快就會結婚。婚姻可以是兩個情人之間的浪漫結合，也可以是為了財務利益的事業結合。（查看連結卡來看看它們是否透露出更多訊息。）

136.公雞(ROOSTER)：一個你不應該冒犯的傲慢自大之人。一隻公雞在清晨的第一道曙光中啼叫，驚醒了農夫和他的家人，一副目中無人的模樣。牠梳理身上的豔麗羽毛後，又啼叫了一次。這個符號表示你將會跟一個傲慢自大的人打交道，建議你扮演外交官的角色，不要冒犯這個人，否則你會後悔的。

137.玫瑰(ROSE)：空氣中瀰漫著浪漫的氣息。一朵鮮紅色的玫瑰朝向天空打開花瓣。玫瑰是所有人都能一同享受的美麗景象。這張牌表示你周遭的空氣中瀰漫著浪漫的氣息，你應該敞開心房去享受浪漫。

138.天平(SCALES)：保持你生活的平衡。 一對完美平衡的天平，提醒你的生活已經失去平衡。如果你希望在生活中體驗真正的滿足，那麼你必須分析你的生活方式，並採取一切必要的措施來恢復適當的平衡。

139.剪刀(SCISSORS)：對某些事情感到失望。 一把打開的剪刀被丟棄在桌子上。由於缺乏使用和保養，精心雕琢的銀製把手已經嚴重失去光澤。這張卡表示你會對某些事情感到失望。然而，這張卡並沒有透露是指事業還是其他心事。（查看連結卡來看看它們所透露的內容。）

140.海馬(SEAHORSE)：家庭事務。 海馬漂浮在平靜溫暖的水中。雖然牠是一隻公海馬，但牠會在腹袋中攜帶母海馬的卵，並持續留存它們直到孵化為止。這張卡表示在特定的時間內，你會因家庭事務而感到壓力重重。（查看連結卡，看看它們是否透露出家庭事務的性質。）

141.鯊魚(SHARK)：要留心，否則會損失物質財富。 一條鯊魚在深海中徘徊尋找獵物。這個符號警告你要格外留心你的財務狀況。你需要高超的技術才能在財務的水域中順利航行，而不會招致金錢的損失或成為鯊魚的獵物。

142.盾牌(SHIELD)：你需要保護自己。一面盾牌出現在問卜者面前。這面盾牌承受許多次戰鬥的衝擊，現在已經準備好為問卜者再次奮戰。這個符號表示你需要在特定的時段內保護自己。它還建議你大方接受任何提供給你的幫助。

143.骷髏(SKULL)：隱藏的祕密會傷害你。宛如惡夢般的骷髏帶著嘲諷的眼神斜視問卜者。骷髏知道問卜者不想透露的祕密。這個符號建議你要當心，因為對你非常不利的祕密可能會洩露出去。（查看連結卡，看看它們是否透露祕密的性質或是誰將洩露它們。）

144.長矛(SPEAR)：為你不再擁有的東西而心痛。一支長矛深深地刺在心裡。血從傷口處滲了出來。這個符號表示你將因失去或不再擁有的東西感到非常心痛。它可以是愛情、事業或財務的機會。（查看連結卡，看看它們是否透露出更多訊息。）

145.拐杖(STAFF)：你會在困難時期獲得照顧。一根粗糙破舊的拐杖觸手可及。拐杖因經年累月的使用而磨損；一個你看不見的牧羊人經常拿它來照顧羊群，保護牠們免受危險。這張卡表示一位不知名的牧羊人會看顧你，並引導你度過困難和危險的時期。

146.星星(STAR)：保證成功。 一顆璀璨的星星在天空中發光，比周圍的其他星星都還耀眼。選到這張卡的問卜者很幸運，因為你的某些努力肯定會獲得成功。這可能是一件心事、事業機會或財務狀況。（查看連結卡，看看它們是否透露出成功的性質。）

147.鸛鳥(STORK)：關於出生或新商機的消息。 一隻鸛鳥在牠所建造的新巢穴棲息。鸛鳥小心翼翼地把木棍逐一插進巢穴，確保它們位置正確，使巢穴盡可能穩定和安全。這張卡表示你將獲得出生或新商機的消息。如果這消息不涉及你個人，那麼它可能會涉及你身邊的某個人。

148.太陽(SUN)：快樂與幸福。 金色的太陽從萬里無雲的天空中照耀下來。選到這張卡的問卜者很幸運，因為陽光會照在你身上，使你充滿快樂與幸福感。

149.日出(SUNRISE)：新的創意點子。新事業。一個新開始。 一輪金色的太陽升起。海洋是萬物的搖籃，而太陽就從其中升起。太陽照亮了世界，為世界帶來嶄新的氣象。這張卡表示你會充滿創意或新的想法。它還意指新事業與新的開始。

150. 桌子(TABLE)：辛苦的工作等在前方。 一張雕刻精美的桌子矗立在問卜者面前。製作那張桌子相當費工與耗時。這張卡表示在生活的某些面向，還有很多辛苦的工作等著你去做。現在不是你放鬆和懶散的時候。

151. 啤酒杯(TANKARD)：慶祝、樂趣、享受。 一個銀色的啤酒杯在等候問卜者。問卜者要做的，是拿起它並樂在其中。這個符號表示現在是你享受的時候。這個符號還表示可能會出現一個值得慶祝的理由。

152. 靶(TARGET)：目標導向的人。 一支箭正中靶心。這個符號表示你可能是目標導向的人，擁有想要達成的明確目的，或是你即將跟一個目標導向的人打交道，他心中也藏有某些特定的意圖。

153. 茶壺(TEAPOT)：與同性的深厚友誼。 一個裝飾著水果和鮮花的茶壺，裡面盛滿了熱茶。茶壺的壺嘴中飄散出一股蒸氣。茶壺代表分享和給予。這張卡表示你會喜歡或即將享受與同性之間的深厚友誼。

154. 淚珠(TEARDROPS)：巨大的個人悲傷。 斗大的淚珠從悲傷的眼睛裡落下。你無法判斷這到底是男人還是女人的眼睛。選到這張卡的問卜者運氣不太好，因為它代表巨大的個人悲傷。另外，眼睛也暗示著如果你相信自己的直覺，這悲傷或許是可以避免的。

155.帳篷(TENT)：暫時的情況。 夜幕降臨，帳篷在沙漠中搭建起來。隔天一早，它就會消失。這張卡表示你目前正在經歷的某些情況只是暫時的，它們很快就會過去。對你來說，這些情況好壞皆有可能，但這張卡並沒有明確透露，只有說明它們是暫時的情況，很快就會過去。

156.王座(THRONE)：權威的地位。 一個雕琢華麗的鍍金寶座坐落在高出地面的基座上。問卜者唯有爬上一段樓梯才能抵達它。這張卡表示你正在或即將擔任權威的職位。

157.老虎(TIGER)：做一些冒險的事。碰運氣。 象徵問卜者的手正在撫摸一隻老虎，試圖成為牠的朋友。老虎有兩種心思。牠雖然喜歡被人撫摸，但還是會想攻擊問卜者。選到這張卡的問卜者要當心。它表示你可能會捲入一些有風險的事，或正打算在一些有風險的事情中碰運氣。

158.火炬(TORCH)：靈性發展、開悟、覺察與理解。 一把火炬在夜空中熊熊燃燒，照亮了一切，使一切變得清晰可見。因此，對問卜者來說一切都會變得很清楚。你將體驗到偉大的開悟、靈性的覺察與理解。

159.烏龜(TORTOISE)：緩慢但肯定地領先。一隻烏龜緩慢地穿過草地，回到牠的巢穴。在旁觀者看來，烏龜有許多需要跨越的障礙，而且似乎永遠無法抵達終點。然而，烏龜找到了繞過所有障礙的方法，最終抵達了目標。這張卡建議你不要在沒有迅速抵達目標時感到氣餒。儘管在你看來沒有取得進展，但事實恰好相反。

160.塔(TOWER)：堅實的基礎。努力就能成功。一座宏偉的塔在問卜者面前拔地而起。這座塔建立在堅實的基礎上，即使其他建築物倒塌也屹立不搖。這張卡告訴你，成功很少需要付出巨大的努力就可以取得，而是應該建立在堅實的基礎上。一夜之間出現的成功，通常也會以同樣的方式離開。

161.樹(TREE)：與你的家庭有關的事務。一棵傲然挺立的樹出現在面前，它的根牢固地扎在地面上。它的枝條結實有力、盤繞交錯，上頭覆蓋著茂盛的樹葉。這個符號表示你將捲入與家庭有關的事務。然而，這張卡並沒有透露事務的性質。

162.鬱金香(TULIP)：極大的熱情。一朵美麗的鬱金香出現在問卜者面前。它的花瓣帶有深淺不一的紅色與黃色。這個符號表示你將在指定的時段內感受到極大的

熱情。它可能是激情的愛、濃烈的恨，或對某些事業的熱情。（查看連結卡，看看它們是否透露出更多訊息。）

163.**火雞(TURKEY)：有人在做蠢事。**一隻火雞大搖大擺地穿過農場，卻沒有意識到它被人當成愚蠢的動物。這張卡表示問卜者在做蠢事，或是與問卜者打交道的人在做蠢事。無論是哪種情形，受到蠢事影響的會是問卜者。

164.**獨角獸(UNICORN)：用你的直覺做出有益的改變。**一隻美麗的白色獨角獸，前額中間有一支金色閃亮的角，在問卜者面前昂首闊步。這個符號建議你發揮通靈能力。我們所有人在某種程度上都是通靈者，但如果你不使用自己的通靈能力，它們就形同虛設。這張卡提醒你跟隨自己的直覺做出有益的改變。

165.**V(V)：某種努力的勝利。**一個大大的 V 字立在問卜者面前。這張卡表示你會發現自己在某些努力中取得了勝利。你的勝利可喜可賀，因為你將克服道路上的所有障礙。（查看連結卡，看看它們是否透露出努力的性質。）

166.山谷(VALLEY)：能確保你成功的深層力量與內在安定。蓊鬱的綠色山谷在問卜者的面前開展。一輪紅日從萬里無雲的天空中照耀在山谷上。一條小溪流經山谷，代表你的靈魂將獲得成功所需的力量、平靜與內省。

167.花瓶(VASE)：暗中仰慕你的人。裝飾精美的花瓶身上繪有許多不同的圖案，它們的設計融為一體，並非每個圖案都能清楚顯現。這張牌告訴你，你有一位暗中仰慕你的人，你不容易認出他的身分。在正確辨認仰慕者是誰之前，你得好好地想一想。（查看連結卡，看看它們是否透露有關仰慕者身分的任何訊息。）

168.葡萄藤(VINE)：尋找對你有幫助的訊息。綠色的葡萄藤纏繞成錯綜複雜的圓圈。它的葉子翠綠飽滿，而且才剛開花沒多久。這張卡表示某個對你很有幫助的訊息即將出現，但你得起身尋找才行。除非你付出努力，否則這些訊息不會透露給你。

169.禿鷹(VULTURE)：抑鬱、焦慮。擔心有人反對你。一隻禿鷹站在崎嶇不平的枝條上俯瞰下方。牠在等一隻動物死去，以便能夠以腐屍為食。這張卡表示你可能正在經歷一段焦慮或抑鬱的時期，或者你可能擔心人們正在等你犯錯，以便從你的不幸中獲得快樂。

170.牆(WALL)：誤會。 一堵高大險惡的牆將景色一分為二。圍牆的周邊沒有可通行的路。如果想走到另一邊，你不是得爬牆，就是得破壞它。這張卡表示你和某個人或許多人之間存在著誤會。邁出和解的第一步取決於你。

171.楔子[10](WEDGE)： 有人在你和朋友之間或你想要的東西之間從中作梗。一個大楔子出現在問卜者面前。它的一端寬厚沉重，另一端則狹窄尖銳。這個符號表示你的生活中作用著令人不安的力量。有人打算在你和朋友之間或你想要的東西之間從中作梗。你想要的可能是一種無形的事物，例如幸福或內心的平靜。

172.垂柳(WEEPING WILLOW)：家庭的悲傷。 一棵垂柳正在哀悼。它的葉子觸及地面，樹枝似乎被它們的重量給壓倒。這張卡表示問卜者將經歷一段家庭悲傷的時期。悲傷可能來自家庭成員，也可能來自與家庭有關的其他事務，例如事業、財務、法律或醫療。

173.井(WELL)：家庭的願望成真。 一口古老的石井藏在森林深處。它不容易被發現，只有真正需要的人才能找到。選到這張卡的問卜者很幸運。它表示你渴望的事情會實現，但有一個條件：只有當你的願望對整個

10插在縫隙中，使物體固定的木塊。

家庭都有好處時，它才會成真。

174.鯨魚(WHALE)：杞人憂天。 一頭鯨魚從大海中浮出水面，牠的體型與兇猛的外表把問卜者給嚇壞了。然而，鯨魚不理會問卜者，只是安靜地游走。這張卡表示你將面臨某些讓你非常焦慮的狀況。然而，隨著時間的進展，狀況會消失，你會明白那些焦慮不過是你過度揣測的恐懼。

175.輪子(WHEEL)：優柔寡斷。 放任你的生活漫無目的地空轉。你的生活沒有固定的路線，也沒有依附任何事物，就像這個輪子一樣。這張牌警告你，現在是掌控自己的生活，並給予它方向與目標的時候。這適用於你生活的某一個面向，也適用於你生活的所有面向。

176.風鈴(WINDCHIMES)：平靜與和諧。 一組風鈴在微風中搖曳，發出悠揚的聲音。即使在夜晚，樹葉從懸掛的樹上掉落，風鈴依然發出象徵平靜的悅耳之聲。所以，這代表你也能在不和諧中找到平靜與和諧。

177.許願骨(WISHBONE)：願望實現。 一個巨大的許願骨出現在問卜者面前。選到這張卡的問卜者很幸運。它代表你心中非常珍視的願望即將實現。

178.女人(WOMAN)：與女人打交道或建立關係。圖中有一個女人。她的面容深不可測。這張卡表示你將在特定的時間內與一名女性有重要的來往或關係。然而，這個符號沒有透露這名女性是朋友還是敵人，或這種關係是浪漫的、財務方面的還是社交的性質（查看連結卡，看看它們是否透露出女人的本質。）

179.花環(WREATH)：為失去而悲傷。百合、白玫瑰與紅玫瑰的花環懸掛在多雲的天空中。一條紫色的絲帶點綴著花環。這張卡表示你將因失去而遭受極大的痛苦。這可能是失去親人朋友或失去事業、也可能是財務或法律方面的損失。

180.軛[11](YOKE)：感到束縛或沮喪。一個沉重的大軛出現在問卜者面前，這些軛因長年使用而磨損風化。這張卡表示你在生活的某些面向感到束縛和沮喪，渴望掙脫。不要依賴別人來使你自由，因為除了你自己，沒有人能給你內心所渴望的自由。（查看連結卡，看看它們是否透露出是哪個面向。）

181.年輕的男人(YOUNGER MAN)：與年輕的男人打交道或建立關係。圖中是一位年輕的男人。他的面容深不可測。這張卡表示你將在特定的時間內與一位年輕的

---

11 套在牲口頸部的器具，用來幫助犁田與拉車。

男人有重要的來往或關係。然而，這個符號沒有透露年輕的男人是朋友還是敵人，或這種關係是浪漫的、財務方面的還是社交的性質。

182.年輕的女人(YOUNGER WOMAN)：與年輕的女人打交道或建立關係。圖中是一位年輕的女人。她的面容深不可測。這張卡表示你將在特定的時間內與一個年輕的女人有重要的來往或關係。然而，這個符號沒有透露年輕的女人是朋友還是敵人，或這種關係是浪漫的、財務方面的還是社交的性質。

關於作者

　　蕾・赫本（Rae Hepburn），生於英國，是一名時裝設計師，從小就開始研究包括茶葉解讀在內的古老占卜系統，當時她的父親開始教授茶葉占卜術，成為家族中代代相傳的技能。《茶葉占卜卡》是她的第一本書。目前住在加州的尤里卡（Eureka）。

關於繪者

　　蕭娜・亞歷山大（Shawna Alexander）在著名的洛杉磯奧蒂斯藝術與設計學院學習藝術與設計。她對陶瓷一直很感興趣，畢業後開設了自己的陶瓷與瓷磚設計工作室。現在，她擁有一家非常成功的設計師瓷磚事業。目前在洛杉磯生活與工作。